CALLWEY

Gestalten mit Farbe

Andrea Maflin

Gestalten mit Farbe

Neue Effekte für Wände, Böden, Möbel und mehr

Callwey

Für Paul Minchin, der meine Welt durch sein grenzenloses Lachen bereichert hat, aber auch Frieden und Ruhe in mein Leben brachte.

Die Originalausgabe erschien 2001 unter dem Titel "New ways with paint" im Verlag Cico Books, 32 Great Sutton Street, GB-London EC1V 0NB

2. Auflage 2006
www.callwey.de
E-Mail: buch@callwey.de

Übersetzung aus dem Englischen von Wiebke Krabbe, Damlos

Die Deutsche Bibliothek – CIP-Einheitsaufnahme
Ein Titeldatensatz für diese Publikation ist bei der Deutschen Bibliothek erhältlich.

ISBN 3-7667-1517-8

Design: Janet James
Fotografien: Lucinda Symons
Stylistin: Lucyina Moody
Illustrationen: Kuo Kang Chen
Umschlaggestaltung: Cordula Schaaf, München, unter Verwendung von Abbildungen der Seiten 36, 40, 42, 44, 48, 49, 77, 78, 106 und 122
Satz: Edith Mocker, Eichenau
Litho: Alliance Graphics, Singapur
Printed in Singapore

Inhalt

Einführung 6

Farben 8
Matt 10
Glänzend 12
Perlglanz 14
Metallic 16
Spray 18
Lasuren und Abtönungen 20
Texturen 22
Reflektierend 24
Stoffe 26
Außenbereiche 28
Spezialfälle 30

Techniken 32
Patinieren 34
Verputzen 36
Rollen 40
Sprenkeln 42
Schablonieren 44
Stempeln 48
Kammzug 50
Frottage 54
Pinselzug 56
Lasieren 58
Kalklasureffekt 60
Karomuster 62
Vergolden 64
Maserieren 68
Papier & Découpage 70
Projizieren 72
Tupfen und Stupfen 74
Maskieren 76
Mosaikeffekt 80
Craquelé 82
Airbrush 84
Drucken 86
Freihandzeichnen 90

Stile 92
Edler Country-Look 94
Urbane Eleganz 100
Natürliches Flair 106
Botanisches Ambiente 112
Spritziges Design 118

Anhang 124
Motivvorlagen 124
Bezugsquellen 126
Danksagung 127
Register 128

Einführung

„Farbe, herrliche Farbe", habe ich während der Arbeit an diesem Buch immerzu geschwärmt. Im Ernst – Sie können jeden fragen, der mit mir schon einmal zu tun hatte. Ich bin zweifellos verrückt nach Farbe. Ich habe alles angestrichen, was ich besitze – mit einer Ausnahme: meine Katzen. Schwierig jedoch ist es, die richtige Farbe zu finden. Denn die Auswahl ist so immens, dass man sich oft nicht entscheiden kann, welcher Farbton oder welche Oberflächenstruktur für die eigenen Bedürfnisse passend ist. Ehe Sie sich also entschließen, Farbe zu kaufen, sollten Sie sich zunächst über Ihr Vorhaben klar werden. Für jemanden wie mich, der so gern spürt, dass es voran geht, ist das der härteste Teil. Doch ein wenig Selbstbeherrschung hat mich schon vor so manchem zeitraubenden und kostspieligen Fehler bewahrt.

Wo beginnen wir also? Braucht Ihre Wohnung ein bisschen mehr Zuwendung, oder können Sie Ihre vier Wände nicht mehr sehen? Vielleicht haben Sie auch festgestellt, dass Sie bestimmte Räume gar nicht benutzen; Sie essen in der Küche, weil das Esszimmer einmal überholt werden müsste und zur Rumpelkammer verkommen ist. Denn Sie haben sich noch immer nicht überlegt, wie es gestaltet werden soll.

Darüber müssen Sie sich nun nicht länger den Kopf zerbrechen. Ich zeige Ihnen, wie Sie Ihrem Zuhause ein neues Gesicht geben können. Erscheint Ihnen

das Streichen von Wänden eher Furcht erregend? Keine Sorge: Ich werde Ihnen jede Technik Schritt für Schritt erklären, angefangen von der Auswahl der richtigen Farbe über die Anwendung der optimalen Technik bis zur Abstimmung auf Ihren persönlichen Wohnstil.

Wenn Sie das Buch durchblättern, werden Sie merken, wie viel Spaß ich beim Ausprobieren der verschiedenen Materialien und Möglichkeiten hatte. Mit ein bisschen Geschick können Sie das Aussehen Ihrer Wohnung völlig verändern – und das für relativ wenig Geld.

Mit Hilfe internationaler Farbgestalter und -berater habe ich Trends aufgespürt und die Prognosen für die Zukunft erkundet. Denn die Farbpalette fast all unserer Alltagsgegenstände – vom Auto bis zum Lippenstift – wird von einigen wenigen Fachleuten festgelegt. An diesen Prognosen orientieren sich auch die meisten Hersteller. Farbe spielt heute im Design eine tragende Rolle.

Ich möchte Ihnen auf den folgenden Seiten meine persönlichen Favoriten vorstellen, von denen ich glaube, dass sie zeitgemäß und zukunftsträchtig sind. Gerüstet mit all diesen Informationen können Sie nun ans Werk gehen: malen, lernen, Spaß haben und Ihr Zuhause in neuem Licht erstrahlen lassen.

Wünschen Sie sich Ihr Leben etwas bunter? Dann greifen Sie zu Farbe. Das ist die schnellste und preiswerteste Möglichkeit, jeden beliebigen Raum zu beleben. Da es jedoch enorm viele verschiedene Produkte gibt, ist es ausgesprochen wichtig, dass Sie für Ihr Vorhaben ein geeignetes Material wählen. Denn sonst könnte Ihr Unternehmen kläglich scheitern.

In diesem Kapitel geht es um die Vielfalt der am Markt erhältlichen Produkte. Die Bandbreite reicht vom simplen, überall verfügbaren Standardsortiment bis zu ausgefallenen Spezialfarben. Auf Musterfotos, die jedem Abschnitt beigefügt sind, können Sie die Produkte genauer betrachten. Darüber hinaus habe ich die Eigenschaften jeder Farbe beschrieben und dabei erklärt, wofür man sie am besten verwendet. Um Ihnen die Auswahl für ein bestimmtes Vorhaben zu erleichtern,

Farben

Farben

zeigt eine übersichtliche Checkliste, für welche Untergründe und Techniken die jeweilige Farbe geeignet ist.

Die meisten Produkte sind in Baumärkten und Farbenfachgeschäften zu kaufen. Im Anhang dieses Buches finden Sie zudem Bezugsquellen für exklusivere Wünsche (siehe Seite 126). Viele Anbieter versenden ihre Produkte auch. Zwar sind Spezialfarben meist sehr teuer, dennoch sollten Sie bedenken, dass Sie für aufgemalte oder schablonierte Muster oder andere Effekte meist nur kleine Mengen benötigen.

Bevor Sie also zum Werkzeug greifen, sollten Sie dieses Kapitel gründlich lesen. Nehmen Sie sich genügend Zeit für die Auswahl von Material und Technik, damit Ihr Vorhaben ein voller Erfolg wird.

FARBEN:

Matt

Seidenmatte Dispersionsfarbe
Der Seidenglanz eignet sich für alle, die es nicht ganz so matt mögen. Auch diese Farbe sollte am besten mit einer Rolle aufgetragen und nicht auf unebenen Wänden angewendet werden.

Matte Dispersionsfarbe
Auf makellosen Wänden sieht die klassische matte Wandfarbe, die mit einer kurzflorigen Rolle aufgetragen wird, sehr elegent aus. Auf unebenen Wänden dagegen bemerkt man jede Delle. Hier sollten Sie lieber eine Zugtechnik anwenden (siehe Seite 50 und 56).

Matte Dispersionsfarbe mit Mattlack-Streifen
Edle, sehr zarte Effekte erhält man mit Mattlack auf matt gestrichenen Wänden. Sie können entweder Streifen abkleben (siehe Seite 76) oder eine Schablone verwenden (siehe Seite 44).

Tafelfarbe
Diese Farbe bereitet viel Spaß, weil man sie einfach auf die Wand streichen kann – und fertig ist die Tafel. Wie wäre es mit einer stern- oder blütenförmigen Tafel im Kinderzimmer, vielleicht auch einem Bereich neben dem Telefon oder in der Küche für schnelle Notizen?

INSPIRATIONEN

Matte Farben verfügen über eine edle, gleichmäßige, nicht reflektierende Oberfläche. Wie bei allen Produkten steigt die Qualität proportional zum Preis. Ich habe bei der Vorbereitung für dieses Buch mit vielen Produkten experimentiert und dabei herausgefunden, dass die Redensart „Man bekommt, was man bezahlt" leider durchaus ihre Gültigkeit hat. Ich habe mich zum Kauf großer Kübel preiswerter, weißer Dispersionsfarbe verlocken lassen und es bedauert, denn sie war sehr wässrig. Die Arbeit dauerte zwei- bis dreimal so lange, weil die Farbe einfach nicht decken wollte. Diese preiswerten Produkte eignen sich jedoch ausgezeichnet zum Sprenkeln (siehe Seite 42).

Ich habe festgestellt, dass man Acrylfarben mit einer Basisdispersion mischen kann, um eigene Farbtöne zu kreieren. Ich verwende meist eine Basisdispersion für tiefe Farbtöne, weil sie einen geringen Anteil an Weißpigmenten enthält. Das bedeutet, dass man weniger Acrylfarbe braucht, um den gewünschten Ton zu erhalten. Wer einen Pastellton mischen möchte, sollte aber lieber eine Basisdispersion für helle Farben kaufen.

Der einzige Nachteil ist, dass die Basisdispersion genau so teuer ist wie die fertig angemischte Farbe. Trotzdem halte ich es für eine kostengünstige Lösung, weil man sich jeweils nur so viel Farbe anmischt wie man benötigt. So bleiben keine Reste übrig.

Eine weitere Lektion, die ich gelernt habe, war, die Farbe immer in dem Raum anzumischen, in dem sie auch verwendet werden soll. Lichtverhältnisse, andere Farben im Raum und viele weitere Faktoren haben einen erheblichen Einfluss auf die endgültige Wirkung der Farbe.

Neben matten Dispersionsfarben werden auch matte Klarlacke auf Wasserbasis angeboten. Sie eignen sich ausgezeichnet zum Schablonieren auf Wänden, die mit seidenglänzender Dispersion grundiert sind. Weil die lackierten Bereiche nur eine Nuance dunkler erscheinen als der Untergrund, entstehen edle Ton-in-Ton-Effekte.

Verwendung von matten Farben

Untergrund

- **Fenster** ☑
- **Fußboden** ☑
- **Möbel** ☑
  saugfähige Oberflächen vorstreichen
- **Stoff** ☐
- **Wände** ☑

Technik

- **Airbrush** ☑
  mit der Spritzpistole
- **Craquelé** ☑
- **Drucken** ☑
- **Freihandzeichnen** ☑
- **Frottage** ☑
- **Kalklasureffekt** ☑
- **Kammzug** ☑
  mit Lasurmedium mischen
- **Karomuster** ☑
- **Lasieren** ☑
  mit Lasurmedium mischen
- **Maserieren** ☑
  mit Lasurmedium mischen
- **Maskieren** ☑
- **Mosaikeffekt** ☑
- **Papier & Découpage** ☑
- **Patinieren** ☑
- **Pinselzug** ☑
- **Projizieren** ☑
- **Rollen** ☑
- **Schablonieren** ☑
- **Sprenkeln** ☑
- **Stempeln** ☑
- **Tupfen & Stupfen** ☑
- **Vergolden** ☑
- **Verputzen** ☑
  zur Oberflächenbehandlung

FARBEN:
Glänzend

Diese Produkte gibt es in verschiedenen Glanzgraden. Sie reichen von Seidenglanz bis zu schimmerndem Hochglanz, in dem man sich beinahe spiegeln kann. Zwischen diesen Extremen liegen Abstufungen, die beispielsweise „Satin" heißen. Glänzende Farben verwendet man gern für hölzerne Fußleisten, Türen und Möbel, weil sie praktisch, robust und abwaschbar sind.

Die meisten glänzenden Farben bestehen aus lösemittelhaltigen Ölfarben. Es werden aber zunehmend glänzende Acrylfarben auf Wasserbasis entwickelt, und die Produkte für den Außenbereich widerstehen Wind und Wetter ebenso gut wie die traditionellen lösemittelhaltigen Farben.

Vor dem Anstrich muss der Untergrund sorgfältig geschliffen und grundiert werden. Wenn Sie noch nie mit Ölfarben gearbeitet haben, gehen Sie behutsam ans Werk, weil die Konsistenz etwas heikel ist. Für den ersten Anstrich empfehle ich generell eine dünne, gleichmäßige Farbschicht. Nehmen Sie nur wenig Farbe mit dem Pinsel auf und beurteilen Sie den Farbton nicht nach dem ersten Anstrich, durch den noch die Vorstrichfarbe schimmert.

Tragen Sie die Farbe mit gleichmäßigen Auf- und Abwärtsbewegungen auf. Streichen Sie nicht über Kreuz, sonst wird die Farbschicht dicker und kann Tropfnasen bilden. Die meisten glänzenden Farben kann man auch in eine kleine Farbwanne gießen und mit einer kurzflorigen Rolle auftragen. Stellen Sie sich Terpentinersatz bereit, um Pinsel, Rollen und Hände zu reinigen.

Hochglanz
Diese stark glänzende Farbe ist sehr robust und sieht fast wie ein Lack aus. Sie eignet sich gut für kleinere Möbelstücke, sofern die Oberfläche optimal vorbereitet ist. Dellen und Löcher können den Effekt zunichte machen.

INSPIRATIO

Seidenglanz
Weniger glänzend, aber gleichwohl sehr robust ist Seidenglanzfarbe. Sie bietet sich vor allem für Holzmöbel an. Weil sie weniger flüssig ist als Hochglanzfarbe, lässt sie sich auch in schwierigen Ecken und Winkeln gut verarbeiten.

NEN

Hochglanz mit Seidenglanz-Sgraffito
Diese Fläche wurde zunächst mit Hochglanzfarbe gestrichen. Als die Wand trocken war, habe ich eine Schicht Seidenglanzfarbe aufgetragen und – solange die Farbe noch feucht war – mit dem Gummistielende eines Bleistifts Wellenmuster (siehe Seite 90) in die Farbe gezogen. Diese Technik eignet sich nicht für senkrechte Flächen, weil sich zu leicht Tropfnasen bilden.

Glanzlack auf matter Dispersion
Zuerst wurde die Fläche mit matter Dispersionsfarbe grundiert. Nach dem Trocknen habe ich mit Hochglanzlack Kreise aufgemalt. Dadurch entsteht ein schöner Ton-in-Ton-Effekt ähnlich wie beim Streifenmuster auf matter Dispersion (siehe Seite 10).

Verwendung von glänzenden Farben

Untergrund

- **Fensster** ☑
- **Fußboden** ☑
- **Möbel** ☑
  saugfähige Oberflächen vorstreichen
- **Stoff** ☐
- **Wände** ☑

Technik

- **Airbrush** ☐
- **Craquelé** ☐
- **Drucken** ☐
- **Freihandzeichnen** ☑
- **Frottage** ☐
- **Kalklasureffekt** ☑
- **Kammzug** ☑
- **Karomuster** ☑
- **Lasieren** ☐
- **Maserieren** ☐
- **Maskieren** ☐
- **Mosaikeffekt** ☑
- **Papier & Découpage** ☐
- **Patinieren** ☐
- **Pinselzug** ☐
- **Projizieren** ☑
- **Rollen** ☑
- **Schablonieren** ☑
- **Sprenkeln** ☑
- **Stempeln** ☐
- **Tupfen & Stupfen** ☐
- **Vergolden** ☐
- **Verputzen** ☐

FARBEN: Perlglanz

Perlglanzlasur
Auf einer gut ausgeleuchteten Wand ist dieser Effekt ausgesprochen schön. Hier wurde Perlglanzfarbe mit Lasurmedium (siehe Seite 20) gemischt und dann mit lockeren, großzügigen Pinselstrichen auf eine blau grundierte Fläche aufgetragen. Die sichtbaren Pinselspuren geben der Oberfläche eine zarte Textur, die gut zum Schimmer der Farbe passt.

Perlglanzdruck
In diesem Beispiel wurde Perlglanzfarbe mit einer Rolle auf sogenannte Skelettblätter aufgetragen und dann auf die Fläche gedruckt (siehe Seite 49). Diese Technik sieht vor allem auf einer dunklen, eher neutralen Grundfarbe hinreißend aus. Der Effekt ist zart und fein wie die Blätter selbst.

Gerollte Streifen
Eine so gestaltete Wand wird schnell zum Blickfang. Ich habe die Perlglanzfarbe mit orangefarbener Acrylfarbe gemischt, damit die beiden Töne optimal harmonieren. Nachdem man die Streifen in verschiedenen Breiten abgeklebt hat (siehe Seite 76), kann die Perlglanzfarbe auf die Grundierung aufgetragen werden.

Perlglanzmaserung
Es ist eher ungewöhnlich, mit Perlglanzfarbe einen Maserungseffekt hervorzurufen. Hier wurde sie mit Acrylfarbe gemischt und auf einen bereits trockenen, dunklen Untergrund gestrichen. Anschließend zog ich einen Gummikamm in unregelmäßigen Auf- und Abwärtsbewegungen durch die nasse Farbschicht, um den Maserungseffekt zu erhalten (siehe Seite 68).

[redacted]

INSPIRATIONEN

Stellen Sie sich den Glanz von Perlen vor, die im Licht schimmern und sich in Millionen anderen irisierenden Gegenständen spiegeln. Denken Sie an die Farben und den Schimmer von Glasperlen, Muscheln, edlem Porzellan, feinen Stoffen und vielen anderen Dingen. Und dann stellen Sie sich vor, diesen Glanz in Ihr Haus zu holen.

Perlglanzfarbe besitzt all diese Eigenschaften und kann auf viele verschiedene Arten eingesetzt werden. Wenn Sie erst einmal die Vielseitigkeit dieser Farbe entdeckt haben, werden Sie sie absolut atemberaubend finden.

Mit Perlglanzfarbe kann man jeder noch so unscheinbaren Ecke Glamour, Eleganz, Sanftheit und einen femininen Touch verleihen. Man kann sie direkt aus dem Topf flächig auftragen, aber auch als zarte Lasur oder für markante Streifen oder Schablonenmotive verwenden. Diese Farbe hat so viele Facetten, dass man ihrer niemals überdrüssig wird.

Im Schlafzimmer mildert sie harte Kanten und schafft eine verträumte Stimmung. Im Wohnbereich kann sie Hollywoodglamour verbreiten, im Bad sorgt sie für Wärme und betont Details. Ob Sie diese Farbe nun auf kleinen oder großen Flächen einsetzen – sie wird in jedem Fall Ihre Erwartungen erfüllen.

Inzwischen gibt es Perlglanzfarben für die verschiedensten Untergründe – Wände, Stoffe, Türen, Möbel, Glas.

Ich liebe diese Farbe nicht nur wegen ihrer schier grenzenlosen Möglichkeiten, sondern weil sie so angenehm für das Auge ist – und doch immer wieder für Überraschungen sorgt. Ich bin ein bekennender Perlglanz-Fan und denke mir immer wieder neue Verwendungsmöglichkeiten aus.

Verwendung von Perlglanzfarben

Untergrund	
Fenster	☐
Fußboden	☐
Möbel *saugfähige Oberflächen vorstreichen*	☑
Stoff *spezielle Perlglanz-Stofffarbe*	☑
Wände	☑

Technik	
Airbrush *mit der Spritzpistole*	☑
Craquelé	☐
Drucken	☑
Freihandzeichnen	☑
Frottage	☑
Kalklasureffekt	☐
Kammzug *mit Lasurmedium mischen*	☑
Karomuster	☑
Lasieren *mit Lasurmedium mischen*	☑
Maserieren *mit Lasurmedium mischen*	☑
Maskieren	☑
Mosaikeffekt	☑
Papier & Découpage	☐
Patinieren	☐
Pinselzug	☑
Projizieren	☑
Rollen	☑
Schablonieren	☑
Sprenkeln	☑
Stempeln	☑
Tupfen & Stupfen	☑
Vergolden	☐
Verputzen *zur Oberflächenbehandlung*	☑

FARBEN: Metallic

Silberfarbe
Wie alle Metallicfarben kann man auch Silber für ganze Wände verwenden. Dabei bleiben die Pinselstriche deutlich sichtbar, wie das Foto zeigt. Wer eine einheitlichere Fläche bevorzugt, muss die Farbe aufrollen.

Schwarze, reaktionsfähige Metallfarbe
Solche Oberflächen fallen gleich ins Auge und wirken auf großen Flächen oft erdrückend. Für Details sind sie aber sehr gut geeignet. Man streicht die Farbe mit einem Pinsel in relativ dicker Schicht auf und lässt sie komplett austrocknen. Dann spritzt, sprüht oder träufelt man eine Patinierlösung darauf und beobachtet, wie sich die Fläche beim Trocknen verändert. Mit einer Schicht Klarlack werden Farbe und Patina geschützt.

Gold und Reichgold
Diese Farben eignen sich ausgezeichnet für die Detailgestaltung auf grundierten Wänden, beispielsweise zum Schablonieren (siehe Seite 45) oder Sprenkeln (siehe Seite 43).

Grüne, reaktionsfähige Kupferfarbe
Diese grüne Patina wirkt freundlicher als Schwarz und eignet sich durchaus für eine Wand, die Blickfang sein soll. Sie wird ebenso verarbeitet wie schwarze Metallfarbe. Je mehr Patinierlösung man aufträgt, umso lebhafter werden die Farbveränderungen.

Kupferfarbe
Es sieht sehr interessant aus, wenn man ein bestimmtes Accessoire in dieser Farbe hervorhebt, vielleicht einen Blumentopf. Mit Hilfe der Verdigris-Technik (siehe Seite 35) gestaltet man eine attraktive Patina.

Rotbraune, reaktionsfähige Eisenfarbe
Sie gehört zu den unkompliziertesten und zugleich spektakulärsten Metallfarben; verarbeitet wird sie wie die anderen Typen. Wer solche Effekte liebt, könnte einen „rostigen" Tisch vor eine grün patinierte Wand stellen. Wenn man ein solches Ensemble zum ersten Mal sieht, wird man sich leicht von der Optik täuschen lassen und echtes Metall vermuten.

INSPIRATIONEN

Metallicfarben sind inzwischen relativ leicht erhältlich. Weil es keine festen Regeln für ihre Verwendung gibt, kann nach Herzenslust damit experimentiert werden. Streichen Sie doch einmal eine ganze Wand in Silber. Es sieht hinreißend aus, wenn das Licht darauf fällt – fast wie eine polierte Metallfläche.

Wenn Sie einen dezenteren Stil bevorzugen, können Sie mit Metallicfarben hier und da interessante, schimmernde Akzente setzen. Man kann die Farben aber auch mit Lasurmedium, Abtönfarben oder Acrylfarben mischen. Als transparente Lasur auf eine ältere Dispersion aufgebracht, erhält sie ein fast magisches Aussehen.

Ich habe auch mit Metallicfarben experimentiert, die feine Partikel echten Metalls enthalten. Diese bezeichnet man gemeinhin als reaktionsfähige Farben, weil man mit ihnen Effekte von gealtertem Eisen oder Kupfer imitieren kann. Solche Farben haben wegen des Metallanteils ein hohes Gewicht. Normalerweise werden sie als Set verkauft, das zusätzlich Patinierlösung enthält. Diese Lösung wird nach dem Trocknen der Farbe aufgetragen, um den Alterungseffekt zu erzielen. Vor allem die Rostfarbe hat einen sehr strengen Geruch.

Wenn Sie Metalleffekte mögen, sollten Sie diese Farben ausprobieren: Sie werden nicht enttäuscht sein. Ich habe viel Spaß an diesen Produkten. Sie sind sehr einfach zu verwenden und sehen echtem Metall täuschend ähnlich.

Verwendung von Metallicfarben

Untergrund	
Fenster	☐
Fußboden	☐
Möbel *saugfähige Oberflächen vorstreichen*	☑
Stoff *spezielle Metallic-Stofffarbe*	☑
Wände	☑

Technik	
Airbrush *mit Spritzpistole*	☑
Craquelé	☑
Drucken	☑
Freihandzeichnen	☑
Frottage	☑
Kalklasureffekt	☐
Kammzug *mit Lasurmedium mischen*	☑
Karomuster	☑
Lasieren *mit Lasurmedium mischen*	☑
Maserieren *mit Lasurmedium mischen*	☑
Maskieren	☑
Mosaikeffekt	☑
Papier & Découpage	☐
Patinieren	☐
Pinselzug	☑
Projizieren	☑
Rollen	☑
Schablonieren	☑
Sprenkeln	☑
Stempeln	☑
Tupfen & Stupfen	☑
Vergolden	☐
Verputzen *zur Oberflächenbehandlung*	☑

FARBEN:

Spray

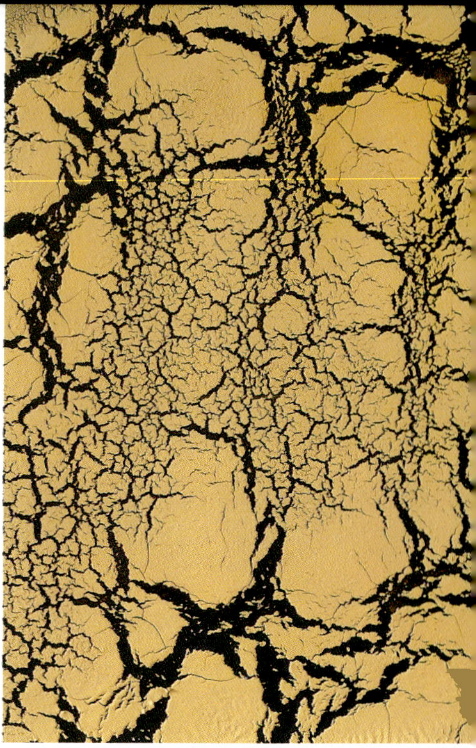

Farbspray
Es gibt sehr viele verschiedene Sprühfarben für die unterschiedlichsten Zwecke. Lesen Sie unbedingt die Aufschrift, um sicherzugehen, dass Sie die richtige Farbe kaufen.

Graniteffekt
Dieser Effekt entsteht durch zwei Farbschichten, die gleichzeitig aufgesprüht werden, jedoch mit einer Dose. Sie brauchen dafür keine besonderen Fähigkeiten. Einfach mit dem Finger aufs Ventil drücken.

Craqueléeffekt
Für diesen Effekt brauchen Sie zwei verschiedene Dosen, die aber meist als Set verkauft werden: eine für die Grundierung, die zweite für die gerissene Deckfarbe. Je dicker die Grundierung, desto größer fallen die Risse in der Deckschicht aus.

INSPIRATIO

Glaskunst
Man kann auch Glas verzieren, indem man Bereiche mit Klebeband oder Klebefolie abdeckt und dann das Glas einsprüht. Hier habe ich ein echtes Blatt mit Sprühkleber als Schablone befestigt. Solche Effekte sind zwar dekorativ, aber im Gegensatz zu echten Ätzmotiven ungeeignet für Flächen, die mit Lebensmitteln in Berührung kommen oder häufig abgewaschen werden.

Warum soll man pinseln, wenn man auch sprühen kann? Endlich haben die Farbhersteller begriffen, dass wir alle gern Haus und Garten verschönern möchten, ohne unsere ganze Freizeit für das Streichen zu opfern. Es geht ja auch viel einfacher: mit der Spraydose.

Zwei Warnhinweise sind wichtig. Ich übertreibe nicht, wenn ich behaupte, dass die Sprühfarben stinken. Man sollte sie ausschließlich in sehr gut belüfteten Räumen verwenden. Außerdem sollten Sie darauf achten, Fußboden und Möbel weiträumig und sorgfältig abzudecken, weil die Farbe weiter fliegt, als man gemeinhin glaubt. Am besten sprühen Sie im Freien. Aber auch den Rasen sollten Sie abdecken, sofern Sie nicht für ein Weilchen buntes Gras haben möchten.

Sprühfarben gibt es für die verschiedensten Untergründe vom Gartenzaun über Terrakotta bis hin zu Stein und Metall. Es gibt transparente Glasfarben und Ätzmittel für Fenster, aber auch Reißlack für Craqueléeffekte. Im Fachhandel findet man auch spezielle Perlglanz- und Metallicfarben, die man über andersfarbig grundierte Flächen sprühen kann, um diesen mehr Glanz zu verleihen. Selbst für Keramik gibt es Sprays, man sollte sie aber nicht für Geschirr verwenden. Sprühkleber ist eine weitere praktische Erfindung. Ich verwende ihn, um Schablonen auf komplizierten Untergründen zu fixieren.

Schließlich und endlich ist Sprühfarbe natürlich auch praktisch, um im Handumdrehen einen einfarbigen Anstrich zu erhalten, der dann mit einer Schicht Lack versiegelt wird.

Verwendung von Sprays

Untergrund

- [ ] **Fenster**
- [ ] **Fußboden**
- [x] **Möbel** *saugfähige Oberlächen vorstreichen*
- [x] **Stoff**
- [x] **Wände**

Technik

- [x] **Airbrush**
- [x] **Craquelé**
- [ ] **Drucken**
- [x] **Freihandzeichnen**
- [ ] **Frottage**
- [ ] **Kalklasureffekt**
- [ ] **Kammzug**
- [x] **Karomuster**
- [ ] **Lasieren**
- [ ] **Maserieren**
- [x] **Maskieren**
- [ ] **Mosaikeffekt**
- [ ] **Papier & Découpage**
- [ ] **Patinieren**
- [ ] **Pinselzug**
- [ ] **Projizieren**
- [ ] **Rollen**
- [x] **Schablonieren**
- [ ] **Sprenkeln**
- [ ] **Stempeln**
- [ ] **Tupfen & Stupfen**
- [ ] **Vergolden**
- [ ] **Verputzen**

FARBEN:
Lasuren und Abtönungen

Lasuren und die dazugehörigen Abtönfarben eröffnen faszinierende Möglichkeiten, Wände mit zarten Texturen und Mustern zu dekorieren. Die transparente, seidige Oberfläche reflektiert das Licht und lässt die Farben wie Perlmutt, Porzellan oder Seide schimmern.

Es gibt zwei Typen von Lasurmedien. Das eine mischt man mit Abtönfarben, das andere mit Dispersionsfarben. Untereinander sind die beiden Produkte nicht mischbar. Der erste Typ ist eine milchige Flüssigkeit mit der Konsistenz von dickflüssiger Sahne. Das dazugehörige Abtönkonzentrat hat eine sehr hohe Pigmentdichte. Man benötigt also nur kleine Mengen, um sehr intensive Farbtöne zu erhalten, doch unabhängig von der Farbintensität geht der transparente Charakter nie verloren. Die Abtönkonzentrate sind untereinander beliebig mischbar. Aus einem Tropfen Gelb und Blau entsteht Grün. Die farbige Lasur trocknet wesentlich langsamer als Dispersionsfarbe. Darum ist sie ein ideales Medium für zeitaufwändige Dekorationsverfahren wie Stupf- oder Zugtechniken.

Der zweite Lasurtyp hat ein ähnliches Aussehen, lässt sich aber nur mit Dispersionsfarbe mischen. Man nimmt etwa ein Drittel Lasur und zwei Drittel Dispersionsfarbe und rührt beides gründlich zusammen. Nach der Zugabe der Lasur verändert sich das Aussehen der Dispersionsfarbe nicht, sie bleibt aber länger nass und kann somit länger bearbeitet werden.

Lasuren lassen sich am besten auf versiegeltem Verputz, Gipskarton-Platten, gut vorbereitetem Holz oder kunststoffbeschichteter MDF-Plattenware verarbeiten. Wer sie für Möbel verwenden will, muss sie anschließend mit Lack auf Wasserbasis versiegeln. Ich arbeite gern mit Lasuren, weil man die Oberflächen länger bearbeiten kann, um einen bestimmten Effekt zu erzielen. Außerdem mag ich die transparenten Farben und die Tatsache, dass man buchstäblich jeden Farbton anmischen kann, passend zu anderen Flächen oder Textilien im Raum.

Bambus
Hier habe ich eine Lasur mit einer winzigen Menge Abtönkonzentrat gemischt, mit dem Pinsel aufgetragen und die Pinselstriche leicht verwischt. Dann habe ich ein Stück Wellpappe in der Breite der Bambusrohre zugeschnitten und ein Ende quer zu den Wellen abgerissen, sodass eine weiche Kante entstand. Die abgerissene Kante habe ich angefeuchtet (damit sie sich nicht mit Farbe vollsaugt) und in senkrechten Bahnen durch die nasse Lasur gezogen. Die Querlinien entstanden durch Anhalten und neues Ansetzen der Pappe.

INSPIRATIO

Feine Streifen
Zuerst wird Lasur mit Abtönkonzentrat gemischt und mit einem Pinsel auf die Wand aufgetragen. Dann werden mit einem weichen Pinsel die Pinselstriche geglättet. Anschließend zieht man einen schmaleren Lackpinsel in senkrechten Bahnen durch die feuchte Lasur, um den Streifeneffekt zu erzielen (siehe Seite 56).

Weiche Bögen
Dieser Effekt entstand auf die gleiche Weise, nur war das Stück Wellpappe größer und wurde, damit die Kante klarer ausfällt, abgeschnitten. Ich habe es einfach quer durch die nasse Lasur gezogen (siehe Seite 51).

NEN

Wickeltechnik
Zuerst wird Lasur mit Abtönkonzentrat gemischt und mit einem Pinsel auf die Wand aufgetragen. Dann werden mit einem weichen Pinsel die Pinselstriche geglättet. Anschließend zieht man einen schmaleren Lackpinsel in senkrechten Bahnen durch die feuchte Lasur, um den Streifeneffekt zu erzielen (siehe Seite 56).

Verwendung von Lasuren und Abtönungen

Untergrund

- [ ] **Fenster**
- [x] **Fußboden**
- [x] **Möbel** *saugfähige Oberflächen vorstreichen*
- [ ] **Stoff**
- [x] **Wände**

Technik

- [ ] **Airbrush**
- [ ] **Craquelé**
- [x] **Drucken**
- [ ] **Freihandzeichnen**
- [x] **Frottage**
- [ ] **Kalklasureffekt**
- [x] **Kammzug**
- [x] **Karomuster**
- [x] **Lasieren**
- [x] **Maserieren**
- [x] **Maskieren**
- [x] **Mosaikeffekt**
- [ ] **Papier & Découpage**
- [ ] **Patinieren**
- [x] **Pinselzug**
- [ ] **Projizieren**
- [ ] **Rollen**
- [x] **Schablonieren**
- [ ] **Sprenkeln**
- [x] **Stempeln**
- [x] **Tupfen & Stupfen**
- [ ] **Vergolden**
- [x] **Verputzen** *zur Oberflächenbehandlung*

FARBEN:

Texturen

Denimfarbe
Sie verfügt über eine leicht körnige Konsistenz. Trägt man sie mit Hilfe der Pinselzugtechnik auf (siehe Seite 56), sieht sie tatsächlich aus wie Jeansstoff. Diese rote Denimfarbe wurde in zwei Richtungen durchgezogen, um ein Stoffmuster aus Kett- und Schussfäden anzudeuten.

Oberflächenstrukturen sind meine zweite große Liebe, und manchmal geraten sie buchstäblich in Konflikt mit meiner ersten Liebe – den Farben. Wie kann jemand ohne Texturen leben? Sie spielen in meiner Arbeit als Designerin eine enorme Rolle, auch in diesem Buch.

Strukturen erwecken Farben erst zum Leben und lassen Räume größer erscheinen. Ich muss zugeben, dass es mir schwer fällt, etwas einfach unifarben anzustreichen, sofern nicht gerade diese Einfarbigkeit dazu dient, eine andere Textur zu beleben oder zu betonen. Strukturierte Oberflächen sprechen die Sinne an, und wir unterschätzen oft ihre Bedeutung für unser Leben. Sie laden zum Anfassen ein, und nur durch Berühren und Ertasten können wir einen Gegenstand wirklich „begreifen".

Beim Gestalten der Texturen sollte man einige Aspekte bedenken. Zunächst muss man eine geeignete Farbe wählen. Eine einfache Dispersionsfarbe ist untauglich, weil sie zu schnell trocknet und zu flüssig ist, um die Textur, die geschaffen werden soll, zu halten.

Zweitens muss man die richtigen Pinsel wählen, sonst wird das Produzieren einer Textur auf einer Wand leicht zur Tortur statt zum kreativen Vergnügen. Ein schmaler Haushaltspinsel deckt nicht genug Fläche ab. Sie benötigen einen wirklich breiten Pinsel. Ehe sie mit den verschiedenen Effekten zu experimentieren beginnen, sollten Sie sich unbedingt ein geeignetes Exemplar im Fachhandel besorgen.

Drittens sollten Sie für große Flächen einen Freund oder eine Freundin um Hilfe bitten. Wenn der eine die Farbe aufrollt und der andere für die Strukturierung verantwortlich ist, geht es wesentlich schneller voran.

Cordfarbe
Diese dickflüssige Farbe ist noch körniger als Denimfarbe. Man rollt sie auf eine Grundierung in ähnlichem Farbton und zieht dann mit einem breiten Pinsel mit kurzen, harten Borsten die „Cordrippen" hinein. Ich finde, dass dieser Effekt besser auf einer einzelnen Wand oder Nische zur Geltung kommt als in einem ganzen Raum.

INSPIRATIO

Granitfarbe
Da sie ziemlich teuer ist, empfiehlt es sich, Granitfarbe als Blickfang für eine einzelne Wand oder ein Wandstück einzusetzen. Man trägt sie mit kurzen Pinselstrichen auf – der Effekt entsteht wie durch Zauberei von ganz allein.

Gelfarbe
Dies ist eine pastöse, glatte Farbe, die sich vor allem für Glas- und Keramikoberflächen eignet. Sie ist in verschiedenen Qualitäten erhältlich, darunter auch als Transparentfarbe, die sich besonders gut für Glas eignet. Bei diesem Streifeneffekt wird die Farbe auf das Glas gepinselt und mit einem Metallkamm bearbeitet (siehe Seite 50). Die Wand hinter dem Glas ist mit blauer Denim-Farbe gestrichen.

NEN

Fertigputz
Fertigputz ist ein sehr praktisches Material zur Wandgestaltung. Seine Grundfarbe ist weiß, man kann ihn aber mit Pulverpigmenten beliebig eintönen. Verwenden Sie keinesfalls flüssige Abtönkonzentrate, da sie mit dem Verputz reagieren und ihn unbrauchbar machen. Man kann das Material mit der Rolle auftragen, es sieht jedoch besser aus, wenn man es mit der Kelle verarbeitet (siehe Seite 36).

Verwendung von Texturfarben

Untergrund

- [x] Fenster
- [ ] Fußboden
- [ ] Möbel
- [ ] Stoff
- [x] Wände

Technik

- [ ] Airbrush
- [ ] Craquelé
- [ ] Drucken
- [ ] Freihandzeichnen
- [ ] Frottage
- [ ] Kalklasureffekt
- [x] Kammzug
- [x] Karomuster
- [ ] Lasieren
- [ ] Maserieren
- [x] Maskieren
- [ ] Mosaikeffekt
- [ ] Papier & Découpage
- [ ] Patinieren
- [x] Pinselzug
- [ ] Projizieren
- [ ] Rollen
- [ ] Schablonieren
- [ ] Sprenkeln
- [ ] Stempeln
- [ ] Tupfen & Stupfen
- [ ] Vergolden
- [ ] Verputzen

FARBEN: Reflektierend

Feiner Glitter
Dieser ist in einer getönten, transparenten Farbe gelöst und in verschiedenen Nuancen erhältlich. Für Wände eignet er sich in Verbindung mit weißer oder farblich abgestimmter Dispersionsfarbe. Da Glitter verhältnismäßig teuer ist, bietet er sich eher für kleine Flächen an.

Grober Glitter
Für auffälligere Effekte sorgen gröbere Glitterpartikel. Sie sind in einer klaren Trägerfarbe gelöst, die man über jeden anderen Untergrund streichen kann. Ideal für eine einzelne Wand als Blickfang.

Schillernde Folie
Diese Folie wird wie Blattmetall aufgebracht (siehe Seite 64), jedoch mit einer speziellen, wasserlöslichen Anlegemilch. Sie ist dicker als Blattmetall und lässt sich vor dem Aufkleben gut in Form schneiden.

Metallicfarbe
Es gibt zwar hierzu ein ganzes Kapitel (siehe Seite 16), doch aufgrund der reflektierenden Eigenschaften verdient sie auch hier Erwähnung. Metallicfarben sind in vielen Tönen erhältlich. Sie eignen sich gut für kleinere Bereiche, aber auch für Schablonen- und Stempelmotive.

INSPIRATIONEN

Das wesentliche Merkmal von Glitzerfarben ist ihre reflektierende Eigenschaft. Wenn Sie wie eine Elster auf alles Schillernde fliegen, dann sind diese funkelnden Anstriche, reflektierenden Folien und schimmernden Farben genau das Richtige für Sie.

Achten Sie darauf, wo das Licht auf die Wand fällt, und streichen Sie diesen Bereich mit Glitzerfarbe – der Effekt ist einfach atemberaubend.

Reflektierende Farben sind relativ neu am Markt. Meist werden sie als zusätzliche Schicht auf einer bereits grundierten Wand aufgetragen. Die Glitterpartikel schweben in einer Lösung, die sich problemlos mit dem Pinsel dünn auftragen lässt und eine gleichmäßige Verteilung der Partikel gewährleistet. Die Farbe glitzert an der Wand wie Sternenstaub. Ein weiterer verblüffender Effekt ist, dass sie in Bewegung zu sein scheint, wenn das Licht abwechslungsweise von einem Teilchen reflektiert wird bzw. auf die matte Grundierung trifft. Das mag sich ein bisschen exzentrisch anhören, doch liegt es an Ihnen, wie intensiv dieser Effekt sein soll. Je dunkler die Farbe des Untergrundes, desto stärker ist der Kontrast zwischen Glitter und Farbe. Streicht man dagegen eine elfenbeinfarbene Wand mit Glitzerfarbe, tanzt und schimmert das Licht nur ganz sanft auf der Oberfläche.

Metallfolien gibt es in verschiedenen Tönen: Gold, mattes und glänzendes Silber, Blau sowie mehrfarbig schimmernd, wie hier abgebildet. Am richtigen Platz kann dieser Hologrammeffekt äußerst faszinierend wirken.

Verwendung von reflektierenden Farben

Untergrund

- [ ] **Fenster**
- [ ] **Fußboden**
- [x] **Möbel** – *saugfähige Oberflächen vorstreichen*
- [ ] **Stoff**
- [x] **Wände**

Technik

- [ ] **Airbrush**
- [ ] **Craquelé**
- [ ] **Drucken**
- [x] **Freihandzeichnen**
- [ ] **Frottage**
- [ ] **Kalklasureffekt**
- [ ] **Kammzug**
- [x] **Karomuster**
- [ ] **Lasieren**
- [ ] **Maserieren**
- [x] **Maskieren**
- [x] **Mosaikeffekt**
- [ ] **Papier & Découpage**
- [ ] **Patinieren**
- [ ] **Pinselzug**
- [x] **Projizieren**
- [x] **Rollen**
- [x] **Schablonieren**
- [x] **Sprenkeln**
- [ ] **Stempeln**
- [ ] **Tupfen & Stupfen**
- [ ] **Vergolden**
- [ ] **Verputzen**

FARBEN: Stoffe

Hobby-Stoffmalfarben
Sie sind auch in kleinen Mengen erhältlich und gehören zu den verbreitetsten Stofffarben. Obwohl sie von ihrer Beschaffenheit her eher pastös sind, können sie mit Wasser verdünnt und untereinander gemischt werden, um jede gewünschte Nuance zu erhalten. Am besten lassen sich die Farben auf glatten, weißen Stoffen wie Seide und Baumwolle verarbeiten. Nach dem Malvorgang sollten die Farben möglichst 48 Stunden lang trocknen, ehe sie durch Bügeln fixiert werden. Beachten Sie unbedingt die Bügel- und Waschhinweise des jeweiligen Herstellers. Bemalte Stoffe sollten generell von Hand gewaschen werden.

Stoffmalstifte
Solche Stifte sind ideal für schnelle Ergebnisse. Sie eignen sich gut zum Malen auf glatten Stoffen wie Seide oder T-Shirts, weniger jedoch auf Samt oder Cord. Auch hier wirkt sich die Farbe des Stoffes auf das Ergebnis aus. Malt man beispielsweise mit einem violetten Stift auf blauem Stoff, kann das Resultat braun ausfallen.

Pigmentfarben
Mit diesen Farben werden Sie viel Spaß haben. Es handelt sich um Flüssigkonzentrate, die mit einem Bindemittel angerührt werden. Sie sind untereinander ausgezeichnet mischbar. Gibt man weißes Pigment zu, erhält man eine opake Farbe, die auch dunkle Stoffe abdeckt, ohne dass ein Mischton entsteht. Ein Zusatz von Gold oder Silber sorgt für einen schimmernden Effekt. Pigmentfarben werden nicht vom Stoff aufgesogen, sondern bleiben auf der Oberfläche haften. Sie dürfen deshalb nicht zu dick aufgetragen werden. Ich verwende sie übrigens gern für den Stempeldruck (siehe Seite 49 und 86) und zum Schablonieren (siehe Seite 46). Obwohl sehr vielseitig anwendbar, sind sie für langflorigen Cord sowie Samt ungeeignet.

INSPIRATIO

Schon während meiner Ausbildung als Textildesignerin habe ich mich auf bedruckte Stoffe spezialisiert. Meine Faszination für Stoffe und damit verbundene Druckverfahren ist über die Jahre nicht nur erhalten geblieben, sondern noch gewachsen. In meinem Atelier bewahre ich große Stoffvorräte auf, aus denen ich, wenn ich in Stimmung bin, gern etwas Ungewöhnliches und vor allem ganz Persönliches gestalte. Es ist sehr befriedigend, wenn ich auf die Frage, wo ich ein bestimmtes Kissen oder einen Rock gekauft habe, sagen kann: „Selbst gemacht!"

Im Fachhandel gibt es mittlerweile eine große Auswahl an Stofffarben, sodass die Art des Vorhabens eine wichtige Rolle spielt. Da die meisten dieser Farben auf farbigem Untergrund Mischtöne ergeben, sollte man zunächst immer auf einem Stoffrest experimentieren, ehe man sich an einen Vorhang oder Bettbezug wagt.

Besonders gern verwende ich Pigment- und Plusterfarben. Da ich immer sehr neugierig auf das Resultat bin, hole ich manchmal sogar den Föhn heraus, damit die Farbe schneller trocknet.

Wasserlösliche Färbemittel
Wer zügig arbeitet, kann diese Farben auch zum Bemalen von Stoffen benutzen. Da jedoch bereits nach etwa 30 Minuten der Fixierungsprozess einsetzt, sollte man sich für größere Projekte immer nur kleine Mengen anrühren. Sehr gut eignen sich diese Farben für Tauchfärbungen. Das Musterstück auf dem Foto entstand aus einem Stück Stoff, das vor dem Färben aufgerollt und mit Bindfaden fest abgebunden wurde.

Plusterfarben
Diese Farben liefern oft sehr überraschende Ergebnisse, da man lange Zeit nicht ahnt, wohin die Arbeit führt. Das zeigt sich im Grunde erst, wenn der Stoff nach dem Bemalen gebügelt wird, die Farbe sich aufplustert und den Stoff verzieht. Die Grundfarbe ist Weiß, man kann sie aber mit Pigmentfarben beliebig tönen. Die schönsten Strukturen und Effekte erhält man auf leichten, feinen Stoffen. Am besten trägt man die Farbe mit Stupfpinsel und Schablone auf (siehe Seite 46). Sie wird in dünner, aber gleichmäßiger Schicht aufgebracht und nach 30 Minuten Trockenzeit von links gebügelt.

N E N

Verwendung von Stofffarben

Untergrund

- [ ] Fenster
- [ ] Fußboden
- [ ] Möbel
- [x] Stoff
- [ ] Wände

Technik

- [ ] Airbrush
- [ ] Craquelé
- [x] Drucken
- [x] Freihandzeichnen
- [ ] Frottage
- [ ] Kalklasureffekt
- [x] Kammzug
- [x] Karomuster
- [ ] Lasieren
- [ ] Maserieren
- [x] Maskieren
- [x] Mosaikeffekt
- [x] Papier & Découpage
- [ ] Patinieren
- [ ] Pinselzug
- [ ] Projizieren
- [ ] Rollen
- [x] Schablonieren
- [ ] Sprenkeln
- [x] Stempeln
- [ ] Tupfen & Stupfen
- [ ] Vergolden
- [ ] Verputzen

FARBEN:

Außenbereiche

Oberflächen im Freien sind ein Kapitel für sich, weil sich nicht alle Farben für den Außenbereich eignen. Regen, Sonnenhitze und andere Unwägbarkeiten des Klimas spielen für Haltbarkeit und Farbtreue solcher Produkte eine große Rolle. Deshalb werden aufwändige Testreihen durchgeführt, um Farben zu entwickeln, die nicht nach kurzer Zeit ausbleichen oder abblättern. Beachten Sie vor der Arbeit auf jeden Fall die Wettervorhersage. Wird Regen angekündigt, verschieben Sie das Vorhaben lieber auf einen späteren Zeitpunkt.

Viele Hersteller haben sich heute auf Außenfarben spezialisiert. Das wachsende Angebot zeigt, dass das Interesse der Kunden an der Verschönerung und Dekoration ihrer Gärten und Terrassen ebenso groß ist wie an der Gestaltung der Innenräume.

Materialien wie Beton sind als Bodenbelag für Außenbereiche seit jeher beliebt, zumal es heute Farben gibt, die Abwechslung ins triste Grau bringen. Auch Ziegel und Gasbetonsteine kann man streichen – es lässt sich fast jede Oberfläche beleben. Die Farbpalette ist zwar noch begrenzt, doch immerhin gibt es geeignete Produkte.

Diese Farben üben eine große Faszination auf mich aus, weil man mit ihnen alles streichen kann – vom Gartenzaun bis zum Kunststofffenster. Steht in Ihrem Garten ein hässlicher Schuppen? Nur zu: Verschönern Sie ihn mit Blau, Grün oder Cremeweiß.

INSPIRATIO

Holzfarbe
Diese Farben sind ideal, um alte Gartenmöbel und Holzbodenbeläge aufzufrischen. Wählen Sie ein Produkt, das auch ein Holzschutzmittel enthält, somit sind Vorstrich und versiegelnde Lackierung nicht erforderlich. Die Farben werden mit einem dicken Pinsel aufgetragen.

Betonfarbe
Pflastersteine aus Beton sind preiswert, aber nicht gerade attraktiv. Gestalten Sie Ihre Terrasse doch einmal – mit ein bisschen Mut – im Schachbrettmuster. Die Farbe wird mit einem extra dicken Pinsel aufgetragen, damit es zügig vorangeht.

N E N

Fassadenfarbe
Mit diesen Farben kann man Ziegel und Gasbetonsteine preiswert aufpeppen. Es kostet zwar etwas mehr Zeit, ein ganzes Haus damit zu streichen, doch das Ergebnis kann sich sehen lassen.

Verwendung von Außenfarben

Untergrund

- **Fenster** ☑
- **Fußboden** ☑
- **Möbel** ☑
  saugfähige Oberflächen vorstreichen
- **Stoff** ☐
- **Wände** ☑

How?

- **Airbrush** ☐
- **Craquelé** ☐
- **Drucken** ☐
- **Freihandzeichnen** ☐
- **Frottage** ☐
- **Kalklasureffekt** ☐
- **Kammzug** ☐
- **Karomuster** ☑
- **Lasieren** ☐
- **Maserieren** ☑
  mit Lasurmedium mischen
- **Maskieren** ☑
- **Mosaikeffekt** ☑
- **Papier & Découpage** ☐
- **Patinieren** ☐
- **Pinselzug** ☐
- **Projizieren** ☐
- **Rollen** ☑
- **Schablonieren** ☑
- **Sprenkeln** ☑
- **Stempeln** ☐
- **Tupfen & Stupfen** ☑
- **Vergolden** ☐
- **Verputzen** ☐

FARBEN: Spezialfälle

Korkfarbe
Ein preiswerter Korkfußboden sieht in Farbe gleich viel edler aus. Man trägt die Farbe mit einem Pinsel oder einer kurzflorigen Rolle auf, aber nur auf unversiegelten Korkböden.

Heizkörperfarbe
Sie haben gerade einen Raum renoviert? Die Wände sehen perfekt aus, die Holzelemente glänzen, der Fußboden ist sauber gestrichen – nur die Heizung sieht alt und schäbig aus? Binden Sie sie in das neue Farbschema ein und verpassen Sie ihr einen neuen Anstrich.

Melaminfarbe
Mit dieser Farbe und dem dazugehörigen Primer kann man eine abgewirtschaftete Küche leicht aufmöbeln. Die zu streichenden Flächen müssen absolut sauber und fettfrei sein. Die Farbe lässt sich am gleichmäßigsten mit einer kurzflorigen Rolle auftragen.

Fußbodenfarbe
Ein geschliffener Dielenboden kann großartig aussehen. Auch über Flecken muss man nicht verzweifeln. Diese Farben eignen sich für Holz- und Betonfußböden. Man trägt sie mit einer Rolle auf.

Kunststofffarbe
Auch verblichene Badezimmerelemente oder Gartenmöbel können eine Auffrischung gebrauchen. Diese großartigen Farben sind einfach anzuwenden und in vielen Farben erhältlich. Es gibt sie in Spraydosen und in Dosen zum Auftrag mit dem Pinsel.

Glasfarbe
Auch Badezimmerfenster, Küchenschranktüren und schlichten Vasen kann ein bisschen Farbe guttun. Am besten trägt man sie mit dem Pinsel auf. Farben auf Wasserbasis sollten zum Schutz mit Klarlack versiegelt werden.

INSPIRATIONEN

Auch wenn sie nicht zu den aufregendsten Farben gehören, dürfen die Spezialfarben hier nicht fehlen. Sie sind vor allem für die problematischen Oberflächen im Haus gedacht, die nach einer Renovierung besonders ins Auge fallen. Es lohnt sich, weiter zu lesen.

Ich mag diese Farben, weil sie ganz neue Möglichkeiten eröffnen. Vor einigen Jahren war es beispielsweise noch ausgesprochen schwierig, das Aussehen einer Küche zu verändern. Abgewetzte Melamintüren musste man zwangsläufig ersetzen. Neue Melaminfarben sorgen nun dafür, dass man Räume wie Küche und Bad schnell und preiswert modernisieren kann.

Fliesenfarben warfen ein ähnliches Problem auf. Sie waren nicht robust genug, um den Alltagsbelastungen Stand zu halten, man musste sie deshalb mit Samthandschuhen behandeln. Heute kann man sich das aufwändige und kostspielige Neuverfliesen eines Raums sparen, weil es inzwischen ausgezeichnete Fliesenfarben gibt. Nach dem Trocknen kann man sogar die Fugen separat eintönen.

Das Streichen von Heizkörpern ist zweifellos mühsam. Ich verwende meist eine kurzflorige Rolle, damit es zügig geht. Manche Hersteller bieten hitzefeste Farben an, die man auch für Holz verwenden kann. Wenn Sie schon dabei sind – streichen Sie doch gleich die Wohnungstüren im passenden Ton mit.

Verwendung von Spezialfarben

Untergrund

- **Fenster** ☑
- **Fußboden** ☑
- **Möbel** ☑
  saugfähige Oberflächen vorstreichen
- **Stoff** ☐
- **Wände** ☑

How?

- **Airbrush** ☑
  mit Spritzpistole
- **Craquelé** ☐
- **Drucken** ☐
- **Freihandzeichnen** ☑
- **Frottage** ☐
- **Kalklasureffekt** ☐
- **Kammzug** ☑
  mit Lasurmedium mischen
- **Karomuster** ☑
- **Lasieren** ☐
- **Maserieren** ☑
  mit Lasurmedium mischen
- **Maskieren** ☑
- **Mosaikeffekt** ☑
- **Papier & Découpage** ☐
- **Patinieren** ☐
- **Pinselzug** ☐
- **Projizieren** ☐
- **Rollen** ☑
- **Schablonieren** ☑
- **Sprenkeln** ☑
- **Stempeln** ☑
- **Tupfen & Stupfen** ☑
- **Vergolden** ☐
- **Verputzen** ☐

Es gibt heute eine Vielzahl an Techniken, auf die Sie je nach Bedarf zurückgreifen können. Egal ob Sie eine perfekte Oberfläche oder eine ausgefallene Wandstruktur bevorzugen, es gibt für jeden Stil die optimale Technik. In diesem Kapitel stelle ich daher eine Reihe von Verarbeitungsmöglichkeiten vor, darunter auch ganz moderne, die Ihnen vielleicht noch unbekannt sind. Jedes Verfahren wird mit klaren Schritt-für-Schritt-Anleitungen und entsprechenden Fotos präsentiert. Außerdem habe ich einige Verputztechniken berücksichtigt, da ich Texturen für sehr wichtig halte. Damit der letzte Schliff nicht zu kurz kommt, werden auch Dekorationstechniken wie das Vergolden erläutert. Keine der vorgestellten Techniken erfordert besondere Fachkenntnisse. Es ist aber sinnvoll, eine neue Technik zuerst auf einer Probeplatte zu testen, ehe man sich an eine ganze Wand wagt. Außer Rolle oder Pinsel sind für die meisten Verfahren keine speziellen Werkzeuge nötig. Für

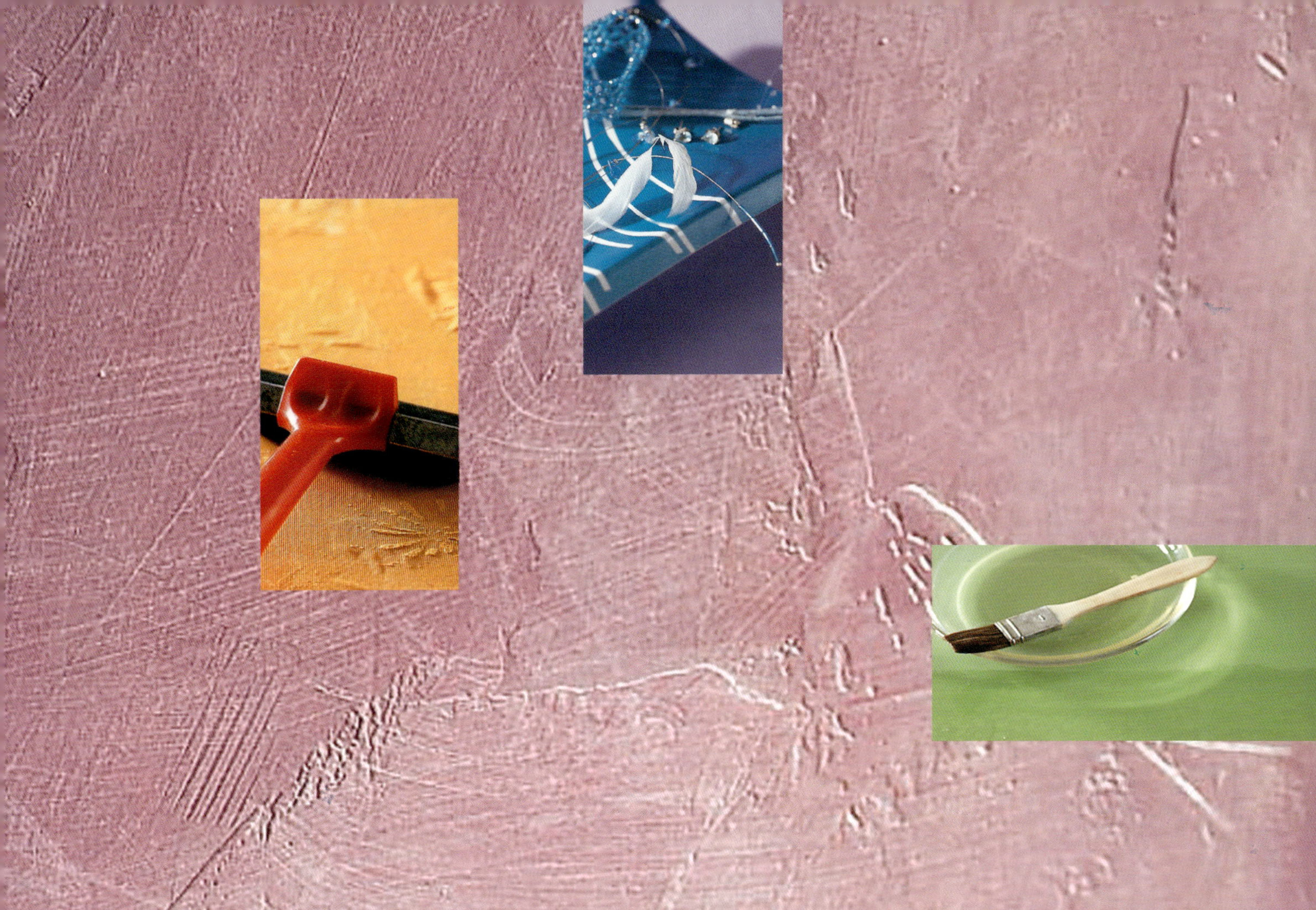

Techniken

Techniken

einige wenige Effekte habe ich spezielle Pinsel verwendet, die bei der jeweiligen Technik jedoch genauer vorgestellt werden. Ich benutze grundsätzlich hochwertige Haushaltspinsel. Kaufen Sie also die besten Pinsel, die Ihr Budget zulässt. Billige Pinsel verlieren oft Borsten. Es ist nicht nur lästig, sie aus der Farbe zu fischen, sondern sie verderben mitunter auch den gewünschten Effekt. Für abgetönte Lasuren verwende ich gern Lackpinsel, die dünner als gewöhnliche Pinsel sind und ein flaches Ende haben, das weniger Pinselspuren hinterlässt. Man kann aber durchaus einen normalen Pinsel benutzen.

Wenn Sie sich für eine Technik entschieden haben, prüfen Sie erst in der Checkliste des vorigen Kapitels nach, welche Farben geeignet sind. Bereiten Sie die Fläche so vor, dass sie sauber und glatt ist – dann können Sie ans Werk gehen.

TECHNIKEN:

Patinieren

Gealtertes Holz

Besitzen Sie eine vergilbte Kiefernvertäfelung, die Sie unbedingt verändern möchten? Dann ist dies die richtige Technik für Sie. Bedenken Sie aber, dass das Patinieren ein Projekt für ein ganzes Wochenende ist, da Farbe und Wachs in unterschiedlichen Arbeitsstadien trocknen müssen. Generell eignet sich diese Technik besser für halbhohe Vertäfelungen als für ganze Wände. Um interessante Kontraste zu erhalten, könnte man den oberen Teil der Wand mit Hilfe der Zugtechnik gestalten (siehe Seite 56) oder besprühen (siehe Seite 83).

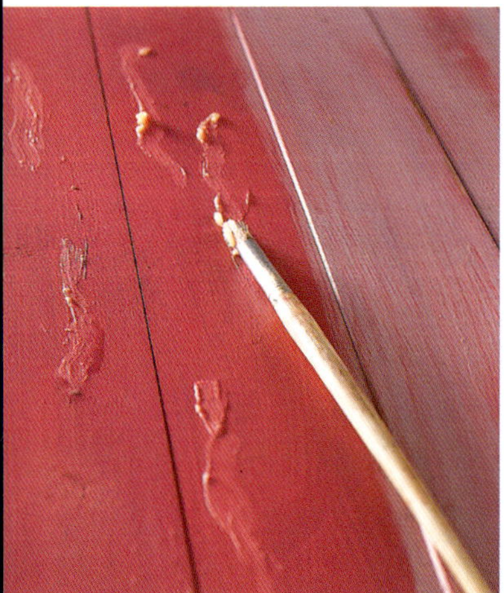

1 *Streichen Sie zunächst das Holz mit einer Mischung aus einem Teil Lackfarbe und zwei Teilen Verdünner. Wenn die Grundierung völlig trocken ist, wird darüber eine Dispersion im gewünschten Farbton aufgebracht. Auch diese muss vollständig trocknen. Dann verstreichen Sie mit einem kleinen Pinsel in der Maserungsrichtung kleine Tupfen Möbelwachs zu Schlieren, und zwar möglichst an solchen Stellen, an denen Abnutzungserscheinungen oder Stoßstellen natürlich wirken. Das Wachs mindestens 12 Stunden trocknen lassen.*

2 *Ein Teil Dispersionsfarbe im gewünschten Deckton mit drei Teilen Wasser mischen und sorgfältig auf das Holz auftragen. Die gesamte Oberfläche muss bedeckt sein, auch das Wachs. Trocknen lassen.*

3 *Jetzt mit einem breiten Spachtel über die Oberfläche fahren und die Wachsschlieren abnehmen. Nachdem die Wachsreste mit einem weichen Tuch abgerieben sind, wirkt der Anstrich wie abgewetzt.*

Verdigris-Patina

Diese Technik ist ebenso einfach wie vielseitig anwendbar. Sie eignet sich für senkrechte Oberflächen wie Wände und Schränke, aber auch für runde und zylindrische Objekte wie diesen Blumentopf. Schmiedeeisen erhält mit dieser Technik ein ehrwürdig gealtertes Aussehen. Besprüht man einen preiswerten Kunststoffkübel mit Lackfarbe (siehe Seite 18) und patiniert ihn, hat man ein prächtiges Pflanzgefäß für den Wintergarten. Zum Schluss sollte die Oberfläche mit klarem Sprühlack oder verdünntem PVA-Leim versiegelt werden.

1 *Grundieren Sie die Oberfläche – in Gold oder Bronze – und lassen Sie sie trocknen. Dann Dispersionsfarben in dunklem Blaugrün, blassem Blau und Mintgrün mit Wasser zu einer sahnigen Konsistenz verdünnen. Zuerst einen Pinsel in die dunkelste Farbe tauchen, die Borsten an den oberen Rand der Fläche drücken und die Farbe herablaufen lassen. Für jede Farbe verwenden Sie einen separaten Pinsel.*

2 *Auch die anderen Farben lassen Sie auf diese Weise an der Fläche herabfließen. Sie dürfen ruhig ineinander laufen. Wenn der größte Teil der Grundierung abgedeckt ist, spritzen Sie willkürlich verteilt Flecken in gelblichem Ocker auf die Fläche. Danach lassen Sie weitere Farbstreifen herabfließen, bis Ihnen der Gesamteffekt gefällt.*

Sand-Patina

Diese Technik macht zwar viel Spaß – aber auch Schmutz. Schützen Sie Ihren Fußboden, indem Sie vor der Arbeit Plastikfolie ausbreiten und sie an den Fußleisten sorgfältig festkleben. Arbeiten Sie zügig und nehmen Sie sich immer nur kleine Flächen vor, damit die Farbe nicht trocknet, ehe der Sand eingearbeitet ist.

Streichen Sie etwa einen Quadratmeter der Fläche mit der Rolle. Streuen Sie dann sofort Sand darauf oder – wenn Sie eine Wand bearbeiten – verreiben Sie eine Hand voll Sand in der nassen Farbe. Mit einem Haushaltspinsel lässt sich der Sand gut in der Farbe verrühren. Pinselstriche dürfen ruhig sichtbar sein. Trocknen lassen.

TECHNIKEN:

Verputzen

Rauputz
Dies ist eine ideale Technik für unebene Wände, weil sie viele Schwächen einfach verschwinden lässt. Die Arbeit geht schnell und einfach voran. Wer Frischkäse auf Brot streichen kann, dem gelingt auch ein solcher Rauputz.

Bearbeiten Sie jeweils Teilflächen von etwa einem Quadratmeter und verteilen Sie den Verputz darauf. Die Schicht sollte weder zu dick noch zu ungleichmäßig werden. Anschließend den Verputz einfach mit einer Malerkelle glatt streichen. Wer mehr Textur wünscht, kann die Unterseite der Kelle leicht andrücken und dann mit einem Ruck abnehmen. Dabei entstehen kleine Spitzen, die anschließend glatt gestrichen werden.

Diese Wand habe ich mit weißem Rauputz bearbeitet und nach dem Trocknen mit einer farbigen Dispersion gestrichen (siehe Seite 10). Daraufhin habe ich weiße Dispersionsfarbe mit etwas Lasurmedium gemischt (siehe Seite 20) und die Wand lasiert, um die raue Textur besonders zu betonen.

Prägemuster

Ehe Sie diese Technik auf einer Wand anwenden, probieren Sie sie auf einer Probeplatte aus, um sicherzugehen, dass die gewünschte Prägung auch sichtbar wird. Der verwendete Stoff ist anschließend nicht mehr zu gebrauchen, nehmen Sie deshalb keine wertvolle Spitze. Ich habe hier eine alte Tüllgardine mit eingesticktem Blumenmuster benutzt. Die Technik eignet sich besser für kleine Flächen als für ganze Wände. Tönen Sie den Verputz bei Bedarf mit einem Konzentrat ab (siehe Seite 20), da ein nachträglicher Anstrich die Abdrücke wieder zunichte machen würde.

1 *Tragen Sie mit der Kelle eine dünne Schicht Verputz, der je nach Wunsch vorher abgetönt werden kann, auf die Fläche auf. Legen Sie den Stoff darauf, solange das Material noch feucht ist und fahren Sie mit einer harten Kunststoffrolle fest darüber.*

2 *Ziehen Sie den Stoff sofort ab und lassen Sie den Verputz trocknen.*

Wandrelief

Zum Schablonieren sollten Sie keinen Verputz verwenden, sondern Gesso. Es handelt sich dabei um einen sehr feinen Gips, der sich wesentlich leichter verarbeiten lässt.

Gesso kauft man meist in Blöcken. Er wird über einem heißen Wasserbad erwärmt, bis er eine weiche Konsistenz hat. Verwenden Sie Schablonen aus Acetat (siehe Seite 45), die sich nach der Arbeit leicht reinigen lassen.

1 *Kleben Sie die Schablone auf die Fläche und tragen Sie dann von unten nach oben mit einem breiten Spachtel das Gesso in dünner Schicht auf die Schablone auf. Die Schicht sollte so dick wie die Schablone sein.*

2 *Ziehen Sie die Schablone gleich wieder ab – aber sehr vorsichtig, damit die Gessoschicht nicht verwischt wird. Vor der nächsten Verwendung muss die Vorder- und Rückseite der Schablone sauber sein.*

Perlglanzverputz
Hier wurde auf polierten Verputz eine Lasur mit Perlglanzfarbe (siehe Seite 14) aufgetragen, um den Effekt noch zu unterstreichen.

Polierter Verputz

Diese Technik ähnelt dem Rauputz, hat aber eine glattere, glänzende Oberfläche. Sie eignet sich gut für unebene Wände und wirkt eleganter als Rauputz. Die Arbeit kostet etwas Kraft – Sie sollten sich fit fühlen, wenn Sie beginnen. Wenn Sie den Verputz eintönen möchten, verwenden Sie ein Grundmaterial für dunkle Farbtöne, das weniger Weißpigment enthält, und geben Acrylfarbe oder Abtönkonzentrat zu. Damit keine Farbschlieren entstehen, rühren Sie die Abtönung am besten mit einem alten Küchenmixer unter.

1 *Tragen Sie die Putzmasse mit der Kelle in einer gleichmäßigen, etwa 3 mm dicken Schicht auf. Um der Fläche Textur zu verleihen, tupfen Sie sie dann mit einem Naturschwamm ab.*

2 *Anschließend streichen Sie die Fläche mit der Kelle behutsam glatt. Nach dem Trocknen wird der Verputz in kreisenden Bewegungen poliert, bis er glänzt.*

Rollen

Bunte, waagerechte Streifen

Für diese einfache Technik werden kontrastierende bzw. komplementäre Farben mit Rollen unterschiedlicher Breite aufgetragen. So entsteht ein Retro-Look mit modernen Anklängen. Entscheiden Sie selbst, ob Sie lieber lebhafte Farben oder sanftere Naturtöne bevorzugen.

Gerollte Karos

Mit solchen Karomustern kann man eine monotone Fläche im Nu auflockern, zudem ist die Technik sehr einfach. Gerade die nicht ganz perfekten Kanten verleihen der Gestaltung eine eigenwillige und sehr persönliche Note. Dieser Eindruck wird noch gesteigert durch die Kombination von Cremeweiß und Silber, die im Licht reizvoll schimmern.

Testen Sie zunächst Farbzusammenstellung und Abfolge auf einer Probeplatte aus. Ziehen Sie mit Wasserwaage, Metalllineal und Bleistift Hilfslinien auf der Oberfläche. Dann gießen Sie die Farben in separate Schalen und verwenden für jede Farbe eine unterschiedlich breite Rolle. Die Streifen werden entlang der Hilfslinien auf die Fläche gerollt.

Zur Probe auf Papier muss das Muster exakt ausgemessen und angezeichnet werden. Es basiert auf der Breite der Rolle und einer Zugabe von mindestens 6 mm für die „Fugenbreite". Dann die Rolle einfärben und jedes Feld in einem Zug füllen. Dabei für alle Felder die gleiche Strichrichtung wählen – entweder senkrecht oder waagerecht.

Senkrechte Streifen

Gerollte Streifen erhalten eine interessante Textur, wenn man an einigen Stellen Malerkrepp um die Rolle wickelt. Besonders gut sieht dieser Effekt aus, wenn für die Grundierung eine kräftige Farbe und für die Streifen ein hellerer, leicht transparenter Ton gewählt wird. In diesem Beispiel habe ich nur an einigen Stellen Streifen auf die Wand gerollt, sodass viel von der Grundfarbe sichtbar bleibt. Es sieht aber auch reizvoll aus, wenn sich die Streifen häufiger wiederholen.

Kleben Sie in unregelmäßigen Abständen Malerkrepp um die Rolle. Probieren Sie zuerst auf einem Stück Papier aus, ob Ihnen die Anordnung der Streifen gefällt. Mit Lot, Lineal und Bleistift werden dann Hilfslinien auf der Wand angezeichnet, ehe die Streifen von oben nach unten aufgerollt werden.

Spezialrollen

Es lohnt sich durchaus, in einem guten Fachgeschäft die verschiedenen Spezialrollen für Muster und Texturen unter die Lupe zu nehmen. Mit solchen Rollen kann man große Wandflächen zügig bearbeiten, obendrein erleichtern sie den sparsamen Auftrag teurer Farben. Für dieses Beispiel habe ich einen Deckanstrich aus Metallicfarbe aufgetragen. Damit die Farbe länger reicht und zarter wirkt, habe ich sie zur Hälfte mit Lasur vermischt.

Grundieren Sie die Fläche zunächst mit Dispersion. Nach dem Trocknen die Deckfarbe auftragen. Beachten Sie dabei die Herstellerhinweise der jeweiligen Spezialrolle.

Sprenkeln

Gebleichte Sprenkel

Diese Technik wird gerne für farbiges Seidenpapier verwendet. Wenn Sie mit weißem Papier arbeiten wollen, benutzen Sie Kaltfarben zum Färben von Stoffen (siehe Seite 26) anstelle der Bleiche. Layoutpapier (siehe Seite 70) eignet sich auch zum Tapezieren von Wänden. Tragen Sie bei der Arbeit mit Bleiche unbedingt eine Schutzbrille und waschen Sie sich anschließend gründlich die Hände. Da auch Stoffe gebleicht werden, sollten Sie alte Kleidung oder einen Kittel überziehen.

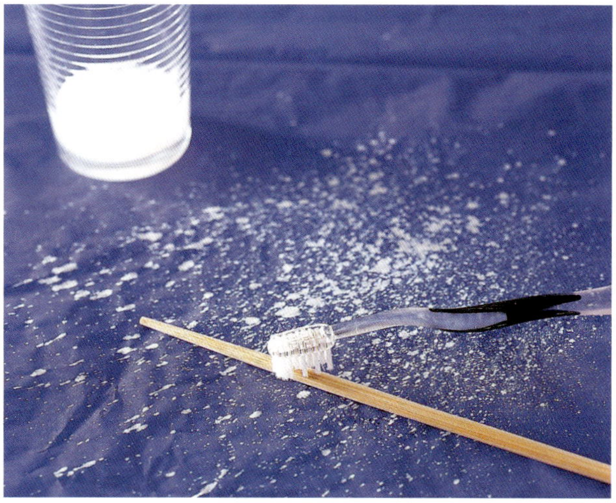

Verdünnen Sie Haushaltsbleiche zur Hälfte mit Wasser. Die Arbeitsfläche decken Sie mit Zeitungspapier oder Plastikfolie ab und breiten das Seidenpapier darauf aus. Spritzen Sie die Bleiche auf, indem Sie eine alte Zahnbürste hinein tunken und über ein Holzstäbchen ziehen, das Sie in der anderen Hand halten. Das Papier flach liegend trocknen lassen, ohne es zu bewegen. Die Stellen, an denen die Bleiche ins Papier einzieht, dürfen sich ruhig etwas kräuseln.

Kleine Sprenkel

Diese Technik eignet sich gut für den Fußboden. Damit die Sprenkel nicht in alle Richtungen verlaufen, muss er eben sein. Für Holzdielen ist die Technik daher weniger geeignet. Dafür umso besser für Hartfaserplatten, die sich oftmals unter der Auslegware befinden. Es handelt sich auch hier um eine schmutzige Angelegenheit, die einige Schutzmaßnahmen erfordert. Beginnen Sie in der Ecke, die am weitesten von der Tür entfernt ist, damit Sie den Raum noch verlassen können. Vor dem Betreten muss die Farbe über Nacht trocknen.

Zuerst muss der Boden mit Dispersion im gewünschten Farbton grundiert werden und trocknen. Für die Sprenkel Dispersionsfarbe in zwei unterschiedlichen Farbtönen wählen und mit Wasser auf die Konsistenz flüssiger Sahne verdünnen. Rühren Sie genug Farbe für die gesamte Fläche an. Sprenkeln Sie dann mit zwei Pinseln Abschnitte von etwa einem Quadratmeter Größe. Nach dem Trocknen sollte der Boden mit zwei oder drei Schichten klarem Fußbodenlack geschützt werden.

Schwungvolle Sprenkel

Ich mag diese Technik besonders gern, weil man damit im Handumdrehen eine Wand gestalten kann. Dieses Sprenkelmuster, das etwa in Kopfhöhe beginnt, strahlt sehr viel Energie aus. In leuchtenden Farben könnte es zu aufdringlich wirken, darum ziehe ich sanfte Töne vor. Aber Vorsicht: Kleben Sie alles sorgfältig ab und bedecken Sie die Möbel mit Plastikplanen.

Zuerst wird die Wand mit Dispersion grundiert. Nach dem Trocknen verdünnen Sie die Dispersion mit Wasser auf eine sahnige Konsistenz. Stellen Sie sich dann etwa einen Meter vor die Wand, tauchen Sie einen Haushaltspinsel in die Flüssigkeit und schleudern Sie die Farbe an die Wand. Setzen Sie dabei den ganzen Arm ein. Arbeiten Sie sich so über die gesamte Fläche vor. Aber nicht beim Ausholen nach hinten über die Schulter spritzen!

Vergoldete Sprenkel

Diese Technik bietet sich für eine einzelne Wand, ein Möbelstück oder Glas an (siehe Seite 64). Es sieht sehr schön aus, wenn das Licht auf den vergoldeten Tupfen reflektiert wird – Strahler in Bodenhöhe oder gezielte Lichtakzente verstärken diesen Effekt noch. Mit der Zeit verfärben sich die Tupfen in sanftes Rosa. Man könnte sie auch mit Hilfe der Schleudertechnik aufbringen und eine große goldene Sprenkelspur an die Wand werfen.

1 *Mit einem weichen Künstlerpinsel – ideal wäre ein japanischer Pinsel – Acryl-Anlegemilch auf die Fläche sprenkeln. Die Anlegemilch antrocknen lassen, bis sie klar und klebrig wird. Dann ein Stück Transfer-Blattmetall auf einen vorbereiteten Bereich legen und über die Rückseite reiben, sodass das Metall haftet. Das Blattmetall abnehmen und den Vorgang wiederholen, bis alle Sprenkel bedeckt sind.*

2 *Mit einem dicken, weichen Pinsel, z. B. einem Rouge- oder Rasierpinsel, vorsichtig das überschüssige Blattmetall abfegen, sodass nur die Tupfen übrig bleiben. Das Metall haftet auf jedem noch so kleinen Tröpfchen Anlegemilch und bringt es wunderbar zum Schimmern.*

Schablonieren

Pappschablonen
Obwohl es sich um eine weit verbreitete Technik handelt, hat sie enge Grenzen. Voraussetzung sind ebene oder nahezu ebene Flächen. Am besten eignet sich das Schablonieren für plakative Motive. Verwenden Sie unbedingt spezielle Schablonenpappe, die in Fachgeschäften für Künstlerbedarf erhältlich ist. Man schneidet sie mit einem Cutter auf einer Schneidematte. Die Farbe muss sehr sparsam aufgetragen werden. Ist die Rolle zu stark durchtränkt, fließt die Farbe leicht unter die Schnittkanten der Schablone. (Motivvorlage siehe Seite 125)

1 Zeichnen Sie zuerst das Motiv für die Schablone mit einem wischfesten Filzschreiber auf die Pappe. Wenn Sie ein Motiv durchpausen wollen, kleben Sie es an eine Fensterscheibe und fixieren darüber die Pappe. Somit lässt sich die Kontur leicht nachzeichnen. Die Pappe auf eine Schneidematte legen und das Motiv mit einem Cutter ausschneiden.

2 Die Schablone auf die Oberfläche legen und bei Bedarf mit Malerkrepp fixieren. Behutsam mit der gewünschten Farbe über die Schablone rollen. Ich habe hier Dispersionsfarbe gewählt. Die Schablone vorsichtig abheben und neu auslegen. Sie darf natürlich nicht in feuchte Farbe gelegt werden.

Acetatschablonen

Für detaillierte Motive eignet sich Acetat wesentlich besser. Mit einem speziellen Heißschneider lassen sich auch komplizierte Konturen recht einfach ausschneiden. Für kleine Motive kann man einen Stupfpinsel zum Auftragen der Farbe verwenden. Ich selbst bevorzuge Rollen, weil es sich damit schnell und leicht arbeiten lässt. (Motivvorlage siehe Seite 124)

1 *Legen Sie das Motiv auf die Arbeitsfläche, platzieren Sie die Acetatplatte darauf und fahren Sie die Konturen langsam mit dem Heißschneider nach. So wird nur durch die Acetatplatte geschnitten, ohne Spuren auf dem Papier zu hinterlassen.*

2 *Danach wird die Schablone auf die zu dekorierende Fläche gelegt und bei Bedarf mit Malerkrepp fixiert. Denken Sie daran, die Farbe nur sparsam aufzutragen. Die Schablone neu ausrichten und den Vorgang wiederholen. Ich habe das Motiv jedes Mal etwas gedreht, damit das Gesamtbild zwangloser wirkt.*

Schablonen auf Stoff

Für die Schablonenmalerei auf Stoff benötigen Sie Pigmentfarben oder pastöse Stoffmalfarben (siehe Seite 26). Es ist eine ausgezeichnete Technik, um schlichte Stoffe mit Motiven, Mustern oder Farbakzenten zu beleben. Papp- und Acetat-Schablonen sind gleichermaßen geeignet. (Motivvorlage siehe Seite 124 und 125)

Zunächst wird die Schablone auf dem Stoff ausgerichtet und die Farbe dann mit einem Stupfpinsel oder einem anderen harten Pinsel aufgetupft. Bezüglich des Trocknens und Fixierens beachten Sie bitte die Anweisungen des Farbherstellers.

Glitzerflocken

Diese groben Metallflocken sollte man nur auf Wänden oder anderen Flächen verarbeiten, die nicht zu oft berührt werden. Für Möbel eignen sie sich nicht, weil sie sich leicht abreiben. Man kann sie aber gut auf der Rückseite einer gläsernen Tischplatte auftragen, da das Glas selbst das Metall schützt (siehe Seite 64). Ich habe die Platte auf der Rückseite mit Sprühfarbe (siehe Seite 18) überzogen und mit Klarlack versiegelt. Je nach Feinheit des Motivs können Sie eine Papp- oder Acetat-Schablone verwenden. (Motivvorlage siehe Seite 124 und 125)

Klebefolie auf Rundungen

Weil sich weder Pappe noch Acetat gut um Rundungen biegen lässt, verwendet man für solche gewundenen Objekte am besten Klebefolie. Diese Folie haftet nicht besonders stark, sodass sie die Grundierung nicht beschädigt. Wer glasierte Oberflächen verzieren will, muss zuerst einen Primer auftragen. Die Technik eignet sich auch, um beispielsweise mit Mattlack ein Muster aus klaren und milchigen Flächen zu gestalten.

1 *Zuerst die Schablone ausrichten und mit Malerkrepp fixieren. Dann Acryl-Anlegemilch mit einer Rolle auftragen. Anschließend die Schablone abnehmen und die Anlegemilch antrocknen lassen, bis sie klar und klebrig wird.*

2 *Die Metallflocken gleichmäßig auf die Anlegemilch streuen und leicht andrücken, damit sie sicher haften. Lose Metallflocken werden mit einem weichen Pinsel abgefegt. Ideal dafür ist ein Rougepinsel.*

1 *Zunächst die Fläche in der gewünschten Farbe grundieren und vollständig trocknen lassen. Die gewünschten Motive aus Klebefolie ausschneiden und auf den Untergrund kleben. Dabei müssen die Ecken und Kanten gut angerieben werden. Dann über die gesamte Fläche mit der gewünschten Deckfarbe rollen. Nach dem Trocknen einen zweiten Anstrich auftragen und auch diesen trocknen lassen.*

2 *Mit einem Cutter die Ecken der Klebefolie lösen und die Folie behutsam abziehen. Das fertige Dekor mit einer Schicht Klarlack versiegeln.*

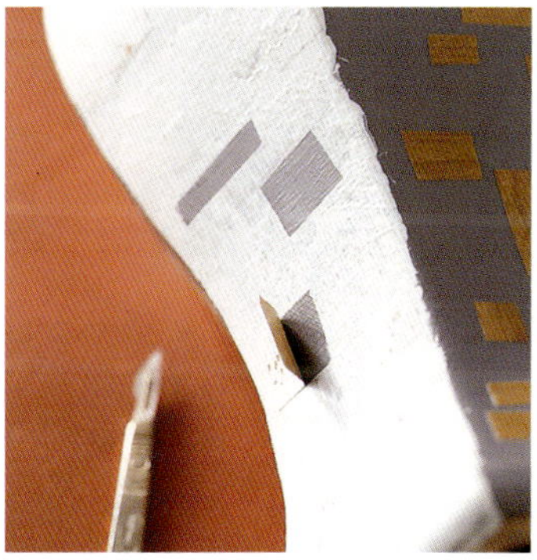

Stempeln

Gummistempel

Diese Technik macht viel Spaß. Sie geht schnell und einfach, zudem sind alle Materialien im Baumarkt oder Stempelfachgeschäften erhältlich. Man kann große und kleine Motive drucken, und zwar auf nahezu jedem Untergrund – solange man die richtige Farbe verwendet.

Die Farbe wird mit einer kleinen Schaumstoffrolle auf den Stempel auftragen. Dann drücken Sie den Stempel auf die Fläche. Fertig!

Kartoffeldruck

Machen Sie einen Ausflug in die Kindheit. Vielleicht haben Ihre Kinder sogar Lust, selbst Stempel zu entwerfen und ihr Kinderzimmer zu dekorieren. Kleine Kinder sollten die Stempel allerdings nicht selbst zuschneiden. Ideal dafür ist Dispersionsfarbe, weil man Missgeschicke kurzerhand wegwischen kann. (Motivvorlage siehe Seite 124)

Halbieren Sie eine große Kartoffel. Zeichnen Sie auf die Schnittfläche mit einem wasserfesten Filzstift ein einfaches Motiv. Ziehen Sie mit einem Cutter die Konturen nach und schneiden Sie vorsichtig von den Seiten her das Fruchtfleisch so weg, dass das Motiv hervorsteht.
Die Farbe wird mit einer weichen Schaumstoffrolle auf die Kartoffel aufgetragen.

Gedruckte Blätter
Das Zauberhafte an diesen Blättern ist ihre feine Struktur mit den markanten Adern. So wird Farbe zum Werkzeug der Schönheit. Probieren Sie die Technik auch einmal mit Farnwedeln oder anderen interessanten Blättern aus.

1 Das Blatt wird auf ein Stück Papier gelegt und mit Dispersion bestrichen.

2 Legen Sie das Blatt auf den Untergrund und decken Sie es mit einem sauberen Bogen Papier ab. Durch das Papier hindurch werden mit dem Finger die einzelnen Blattadern und die Mittelader kräftig nachgefahren. Am Schluss werden Papier und Blatt abgezogen.

Schwammstempel
Aus Schwämmen kann man diverse Motive schneiden, hier sind es einfache Quadrate. Ich habe einen Synthetikschwamm mit großen Poren verwendet, und mit Stofffarbe (siehe Seite 26) ein kräftig strukturiertes Karomuster gedruckt. Es ist auch möglich, Anlegemilch auf eine Wand zu stempeln und Blattmetall aufzulegen (siehe Seite 64). Besonders schön kommt dieser Effekt beispielsweise auf einer Kaminwand zur Geltung.

Tunken Sie den Schwamm in die Farbe – aber nur leicht, sonst wird die Struktur der Poren nicht sichtbar. Nach drei oder vier Abdrücken muss der Schwamm wieder in Farbe getaucht werden.

TECHNIKEN: Kammzug

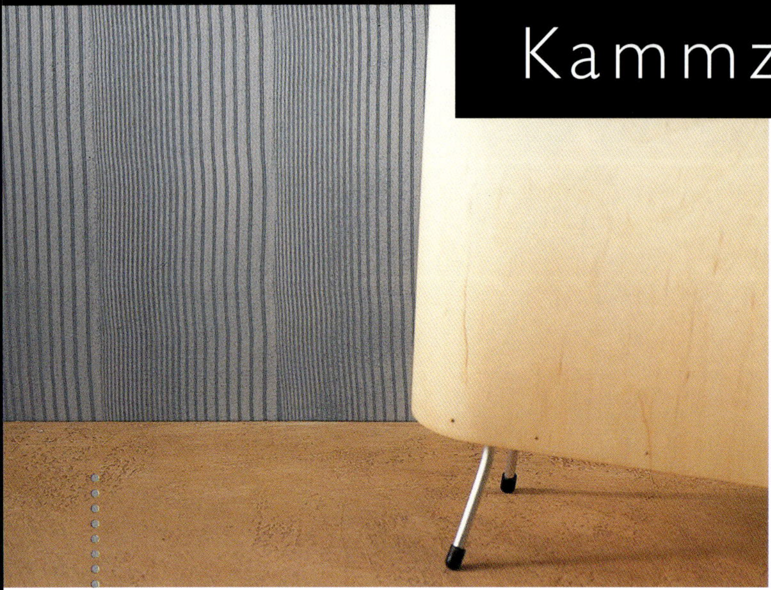

Gummikamm

Für alle Zugtechniken (außer auf Stoff) müssen Sie etwa gleiche Teile Dispersionsfarbe mit Lasurmedium (siehe Seite 20) mischen, um die richtige Konsistenz zu erhalten. Die Komponenten müssen sorgfältig verrührt werden, am besten mit einem Küchenmixer. Für dieses Beispiel habe ich einen Kamm mit unterschiedlichen Zahnabständen gewählt, der mit wenig Aufwand interessante Ergebnisse liefert. Die Technik eignet sich gut für halbhohe Wände. Da Ansätze stark ins Auge fallen, muss man den Kamm in einem Zug durchziehen, was auf hohen Wänden schwierig ist.

Tragen Sie die Farbmischung mit senkrechten Pinselstrichen auf die Wand auf und ziehen Sie den Kamm mit einer glatten, durchgehenden Bewegung in Richtung der Pinselstriche durch die feuchte Farbe. Dann den Kamm direkt am vorherigen Streifenrapport ansetzen und wieder abwärts ziehen, bis die ganze Fläche gemustert ist. Wenn Sie einen Fehler machen, fahren Sie einfach mit dem Pinsel darüber. Neue Farbe müssen Sie dafür nicht auftragen.

Metallkamm

Auch hierfür ist eine Mischung aus Dispersion und Lasur erforderlich. Ich habe den gleichen Kamm wie für das Maserieren (siehe Seite 68) verwendet. Soll die Fläche grundiert werden, wie in diesem Beispiel, muss die Farbe über Nacht trocknen. Sonst könnten die harten Zähne des Metallkamms die Grundierung beschädigen.

Die Lasurmischung auftragen und sofort den Kamm durchziehen. Nach jedem Zug muss die Farbe abgewischt werden, die sich auf dem Kamm gesammelt hat.

Gezogen und gekämmt

Das Faszinierende an diesem Beispiel ist der Kontrast zwischen den senkrechten Pinselstrichen und den waagerechten Kammzügen. Geradezu hinreißend sind die Moiréeffekte in Bereichen, wo sich zwei Kammzuglinien kreuzen. Man könnte noch mehr Linien einarbeiten, sodass nur kleine Flächen des Hintergrunds sichtbar bleiben.

Zuerst wird die Wand im Pinzelzugverfahren (siehe Seite 56) grundiert. Darauf streichen Sie eine Schicht Dispersion-Lasur-Mischung und ziehen einen Gummikamm hindurch. Arbeiten Sie in weichen Schwüngen, die sich gelegentlich überschneiden. So bleibt der Hintergrund zwischen den Streifen sichtbar.

Kammeffekt auf Stoff

Auf Stoff funktioniert die klassische Kammzugtechnik nicht. Man kann sie jedoch im Druckverfahren simulieren (siehe Seite 86). Entscheidend dabei ist die Farbmenge auf der Acetatplatte. Zu viel Farbe verläuft, bei zu wenig Farbe wird das Muster konturlos. Experimentieren Sie zuerst auf einem Stoffrest, bis Sie ein Gefühl für die Farbmenge gewinnen.

1 *Streichen Sie die unverdünnte Farbe auf eine Acetatplatte und ziehen Sie mit einem Kamm Streifen.*

2 *Dann wird die Platte mit der Farbseite nach unten auf ein Stück Stoff gelegt und leicht in Richtung der Streifen über die Rückseite gerieben. Achten Sie darauf, dass die gesamte Platte auf dem Stoff abgedruckt wird. Anschließend die Platte abnehmen und die Farbe nach Herstelleranweisung fixieren.*

Kamm aus Pappe

Der Handel bietet zwar eine Menge Kämme an, dennoch ist manchmal der richtige nicht dabei. Kein Problem. Schneiden Sie sich einen eigenen Kamm aus einem Stück Pappe zu. Ideal ist die Rückseite eines Schreibblocks. Für dieses Beispiel habe ich die Wand mit gleichmäßigen Pinselzügen gestrichen und dann mit dem Kamm schwungvolle Bögen in die Lasurmischung gezogen.

Den Kamm auf der Pappe vorzeichnen und ausschneiden. Damit die Linien etwas dicker ausfallen, habe ich die Spitzen der Zacken abgeknipst. Die Lasurmischung auftragen und den Kamm wie gewohnt durchziehen.

Wellenmuster
Diese Technik eignet sich besonders gut, wenn Sie für die Grundierung und Deckschicht kontrastierende Töne der gleichen Farbe verwenden. Ein weiterer Vorteil ist, dass die Nahtstellen auf der Wand nicht zu erkennen sind. Man sieht also nicht, wo ein Streifen endet und der nächste beginnt.

Schneiden Sie ein Stück Wellpappe quer zur Wellenrichtung ab, sodass die Rillen wie ein Kamm funktionieren. Die Deckschicht auftragen und sofort die Pappe durchziehen. Um den lockeren Effekt zu verstärken, habe ich leichte Wellenbewegungen eingearbeitet.

TECHNIKEN: Frottage

Bilder frottieren

Mit dieser Technik verleihen Sie Ihrer Wand eine reizvolle, feminine Ausstrahlung. Sie eignet sich gut für Schlafzimmer oder Flur. Motive in großem Maßstab sorgen für zusätzliche Dynamik. Keine Angst, wenn Sie nicht zeichnen können. Mit Hilfe der Projektion (siehe Seite 72) gelingen Ihnen bestimmt schöne Motive. Zum Malen eignet sich einfache Dispersionsfarbe, zum Frottieren Zeitungs- oder Layoutpapier.

1 Zeichnen Sie das Motiv mit ganz feinen Bleistiftlinien auf der Wand vor. Malen Sie dann immer nur kleine Abschnitte nach. Wenn Sie hinsichtlich der Farbgebung unsicher sind, lassen Sie den Projektor während des Malens eingeschaltet.

2 Reiben Sie mit der Hand einen Bogen Papier auf die bemalten Bereiche. Dabei muss das Papier überall mit der feuchten Farbe in Berührung kommen. Danach das Papier sofort wieder abziehen.

Gerollte und frottierte Karos

Diese aufgerollten Karos erhielten durch die zusätzlich angewendete Frottage weiche Konturen und einen sanften Ton-in-Ton-Effekt, da Grundierung und Deckfarbe einander sehr ähnlich sind. Lebhafter wird das Resultat, wenn Sie kontrastierende Farben einsetzen.

Zuerst die Fläche grundieren und trocknen lassen. Ein Raster (in Rollenbreite) vorzeichnen und etwa 6 mm für die „Fugenbreite" zugeben. Danach rollen Sie die Deckfarbe auf ein Feld auf und legen sofort ein Blatt Papier darauf, reiben es an und ziehen es gleich wieder ab. Die nächsten Felder ebenso bearbeiten.

Abstrakte Frottage

Diese Technik liebe ich sehr. Man kann sie beliebig ausbauen, immer etwas hinzufügen – und Fehler kurzerhand übermalen. Ein bisschen Vorbereitung ist allerdings nötig. Legen Sie ausreichend Papierstreifen zum Frottieren bereit, um die ganze Wand zu bearbeiten. Sie müssen recht schnell arbeiten, damit die Farbe nicht antrocknet. Um die schwungvollen Hilfslinien vorzuzeichnen, bin ich einfach an der grundierten Wand entlang gegangen und habe den Bleistift auf und ab bewegt.

Wählen Sie für die Grundierung einen Mittelton, sodass die Streifen heller und dunkler abgestuft werden können. Malen Sie einen Streifen von maximal der vierfachen Länge Ihrer Papierstücke auf die Wand. Reiben Sie sofort das Papier an und ziehen es wieder ab. Malen Sie erst einen Streifen fertig, ehe Sie den nächsten beginnen.

TECHNIKEN:

Pinselzug

Streifeneffekt

Für die Pinselzugtechnik gibt es im Handel eine Bandbreite an Fertigfarben, man kann sie aber auch leicht selbst anrühren. Einfache Dispersionsfarbe eignet sich weniger, weil sie trocknet, ehe die Streifen gezogen sind. Außerdem ist sie zu opak – die Grundierung würde nicht durchschimmern. Für dieses Beispiel habe ich Farbkonzentrat (man kann auch Acrylfarbe verwenden) mit Lasurmedium (siehe Seite 20) gemischt. Tönen Sie das Lasurmedium bis zur gewünschten Farbintensität ab. Bereiche, die nicht gestrichen werden, müssen unbedingt vorher abgeklebt werden. Diese Technik verlangt ein rasches Arbeiten, sodass zwischendurch keine Zeit bleibt, um Türrahmen oder Deckenkanten zu zirkeln. Am besten arbeitet man zu zweit: Eine Person rollt die Farbe auf, die zweite zieht die Streifen.

Die Fläche zunächst mit Dispersionsfarbe im gewünschten Ton grundieren und über Nacht trocknen lassen. Die abgetönte Lasur jeweils in meterbreiten Streifen auftragen und von oben nach unten mit einem weichen breiten Pinsel ohne Unterbrechung Streifen ziehen. Ist es nicht möglich, in einem Zug zu arbeiten, beginnen Sie oben und setzen den zweiten Zug von unten an, sodass die Streifen ineinander fließen.

Webstruktur

Diese Technik unterscheidet sich nicht wesentlich von der Streifen-Zugtechnik. Für dieses Beispiel habe ich jedoch ein anderes Farbrezept verwendet: etwa ein Drittel farbige Dispersionsfarbe und zwei Drittel entsprechendes Lasurmedium (siehe Seite 20). Diese Farbe trocknet schneller als die im vorigen Beispiel beschriebene Lasur, man kann aber jede beliebige Nuance anmischen. Wer bei sehr heißem Wetter arbeitet, sollte zusätzlich einen Trocknungsverzögerer einrühren, damit sich die Lasur länger bearbeiten lässt.

Die Fläche grundieren und bearbeiten, wie bei der Streifentechnik beschrieben. Nach dem Trocknen mit der Rolle eine weitere Schicht Lasurmischung auftragen und noch einmal durchziehen, diesmal aber in horizontaler Richtung. Wenn im ersten Durchgang von oben nach unten gezogen wurde, arbeiten Sie jetzt von links nach rechts.

Stupftechnik

Auch für diese Technik wird eine der beiden bereits beschriebenen Lasurmischungen verwendet. Es handelt sich um eine sehr zarte Oberflächenstrukturierung, die jedoch lebhafter wirkt, wenn man für Grundierung und Deckschicht kontrastierende Farben nimmt. Wer in dieser Weise eine ganze Wand gestalten möchte, sollte sich in meterbreiten Streifen vorarbeiten und bedenken, dass die Technik zwar einfach ist, aber ausgesprochen arbeitsintensiv.

Zuerst die Fläche grundieren und trocknen lassen. Anschließend eine Dispersion-Lasur-Mischung oder eine abgetönte Lasur mit der Rolle auftragen. Mit Hilfe eines trockenen Flachpinsels mit langen steifen Borsten die gesamte Fläche abstupfen. Arbeiten Sie dabei aus dem Handgelenk und nicht aus dem ganzen Arm.

Lasieren

Einfarbige Wischlasur

Auch wenn es sich dabei nicht gerade um eine neue Technik handelt, führt dieses Verfahren durchaus zu zeitgemäßen Lösungen. Am besten arbeitet man zu zweit: Eine Person streicht, die andere wischt.

1 *Die Fläche mit einer einfarbigen Dispersion grundieren und trocknen lassen. Für die Lasur mischen Sie Dispersionsfarbe mit Lasurmedium im Verhältnis 1:3. Arbeiten Sie sich dann in kleineren Abschnitten vor und streichen Sie die Lasur mit einem breiten Pinsel quadratmeterweise auf. Überlegen Sie dabei, welche Ausrichtung die Wischspuren in der Lasur erhalten sollen und setzen Sie die Pinselstriche entsprechend.*

2 *Solange die Lasur noch feucht ist, wird sie mit einem Lappen behutsam in Richtung der Pinselstriche gewischt. Je schwungvoller die Bewegungen, desto ausdrucksvoller wird der Effekt.*

Zweifarbige Wischlasur

Eine Weiterentwicklung der einfachen Wischlasur besteht darin, zwei farblich abgestimmte Lasurschichten zu überlagern. Das Grundprinzip ist das gleiche, doch wird für die zweite Lasur ein geeignetes Lasurmedium mit Künstler-Acrylfarbe abgetönt. Da diese Farbmischung transparenter ist, lässt sie die darunter liegende Farbe stärker durchschimmern.

Die grundierte Fläche im gewünschten Farbton lasieren (siehe links) und über Nacht trocknen lassen. Dann eine farblich abgestimmte zweite Lasur anrühren und den Vorgang wiederholen.

Lasierte Streifen
Lasuren können auch für Muster eingesetzt werden. Kleben Sie beispielsweise Streifen (siehe Seite 76) oder Karos ab und lasieren Sie nur diese Bereiche.

Die Fläche grundieren und trocknen lassen. Dann die Bereiche abkleben, die lasiert werden sollen. Ein Teil Perlglanzfarbe mit drei Teilen Lasurmedium mischen und die abgeklebten Flächen lasieren. Das Malerkrepp vorsichtig abziehen.

Lasiertes Holz
Diese Lasurtechnik eignet sich sogar für Bodendielen. Statt selbst angemischter Lasur sollten Sie für diesen Zweck besser ein spezielles Fertigprodukt wählen.

Eine Schicht Lasur auftragen und sofort mit einem Lappen verwischen, um den sanften Effekt zu erhalten. Je nach gewünschter Farbintensität können Sie bis zu drei Lasurschichten aufstreichen, wobei der Überschuss jeweils gleich abgewischt wird.

Noch lebhafter wirken lasierte Fußböden, wenn man mit Schablonen und Holzbeize oder Fußbodenfarbe Muster aufmalt. Zum Schluss wird der Boden mit zwei oder drei Schichten Klarlack versiegelt.

TECHNIKEN:
Kalklasureffekt

1 Zuerst wird in Richtung der Maserung das Holz mit einer Drahtbürste leicht aufgeraut. So nimmt es die Farbe besser auf.

2 Zwei Teile weißer Dispersionsfarbe mit einem Teil Wasser gründlich vermischen und mit einem breiten Pinsel in Richtung der Maserung auftragen. Einige Minuten trocknen lassen, dann überschüssige Farbe mit einem Lappen abwischen.

Getünchtes Holz

Einen Kalklasureffekt erzielt man auf schnelle und einfache Weise mit Farbtünche. Die fertige Fläche ist von einer traditionellen Wachslasur kaum zu unterscheiden, und wenn man sie mit Klarlack versiegelt, ist sie ebenso robust.

1 Die Fläche mit einer Seidenglanz-Ölfarbe grundieren und gut trocknen lassen. Ich habe hier einen Ton gewählt, der dunkler ist als der Deckanstrich, um einen effektvollen Kontrast zu erzielen. Mit einem großen Pinsel wird dann Dispersionsfarbe über die Ölfarbe gestrichen. Der Pinsel darf nicht zu stark getränkt sein, die Pinselstriche werden kreuz und quer geführt. An manchen Stellen darf ruhig die Grundierung durchschimmern. Die Deckschicht vollständig trocknen lassen.

Gewischter Kalklasureffekt

Dieser kreidige Effekt eignet sich nicht so gut für Holz, aber umso besser für einfarbige Wände. Sehr stimmig wirken solche Wände zu einem lasierten Holzboden.

2 *Einen alten Lappen mit Verdünner befeuchten und behutsam einige Bereiche der oberen Farbschicht abwischen, sodass die Grundierung durchschimmert.*

Kalklasur mit Wachs

Wer große Flächen in dieser Weise bearbeiten möchte, muss sich darauf einstellen, dass diese traditionelle Technik viel Zeit und eine Menge Kraft erfordert.

1 *Zuerst das Holz in Richtung der Maserung mit einer Drahtbürste leicht aufrauen, damit es das Wachs besser annimmt.*

2 *Einen Lappen in weißes Möbelwachs tauchen und dieses mit kreisförmigen Bewegungen ins Holz reiben. Arbeiten Sie sich in kleinen Abschnitten voran und wischen Sie überschüssiges Wachs mit einem sauberen Lappen ab.*

TECHNIKEN:
Karomuster

Kartondruck

Diese Arbeit macht viel Spaß und erlaubt die Gestaltung sowohl gleichmäßiger als auch ungleichmäßiger Karomuster. Letztere wirken aufgrund der leicht unregelmäßigen Linien lässiger und zwangloser. Bedrucken Sie doch eine Wand mit kleinen und eine andere mit großen Karos.

Schneiden Sie einen Streifen Wellpappe zurecht. Die Schnittkante muss quer zur Wellenrichtung verlaufen und ganz gerade sein, damit sie saubere Linien druckt. Betupfen Sie die Schnittkante mit Hilfe eines Haushaltspinsels leicht mit Farbe, dann drücken Sie die Kante auf die Wandfläche.

Abgeklebte Karos

Mit Hilfe dieser Technik kann man klassische Schottenkaros gestalten – entweder in traditionellen Farben oder in unkonventionelleren, modernen Tönen. Wichtig ist, sich beim Ausmessen und Maskieren Zeit zu lassen. Am besten kleben Sie erst die waagerechten Linien ab und bemalen diese. Nach dem Trocknen werden dann die senkrechten Streifen aufgebracht (siehe Seite 76).

1 *Zuerst die Fläche mit Dispersion grundieren. Überlegen Sie sich ein Karomuster und zeichnen Sie es an die Wand, wobei nur die Streifenenden oben und unten mit kleinen Bleistiftstrichen markiert werden. Drücken Sie dann Malerkrepp auf eine Markierung und ziehen Sie es gerade bis zur entsprechenden Markierung an der anderen Seite. Anschließend drücken Sie es an. Wenn alle Streifen abgeklebt sind, werden sie mit einem Pinsel oder einer kleinen Rolle mit Dispersion übermalt.*

2 *Gleich nach dem Bemalen der Streifen wird das Klebeband abgezogen. Vorsicht, es haften noch Spuren feuchter Farbe daran. Achten Sie zudem darauf, die Wandfläche nicht mit dem Klebeband zu beschmutzen. Sie können das Malerkrepp trocknen lassen und für den zweiten Arbeitsgang noch einmal benutzen. Anschließend werden die waagerechten Streifen auf die gleiche Weise gearbeitet.*

Aufgerollte Karos

Karomuster lassen sich auch einfach mit der Rolle gestalten. Verwenden Sie dafür eine Rolle mit mittellangem Flor und wickeln Sie in bestimmten Abständen schmales Malerkrepp darum. Unregelmäßige Abstände zwischen den Klebestreifen wirken zwar zwangloser, Sie müssen jedoch darauf achten, dass der Griff immer in die gleiche Richtung zeigt, sonst passen die Streifen am Ende nicht zusammen.

Zeichnen Sie für das Hilfsraster jeweils die Mittellinien der Streifenblöcke mit Kreide auf der grundierten Fläche vor. Kreidestifte sind in Baumärkten erhältlich, beachten Sie aber die jeweiligen Herstellerhinweise. Rollen Sie zuerst alle senkrechten, danach alle waagerechten Linien auf. Die Rolle folgt dabei der markierten Hilfslinie.

Einfache Karos

Für einfache, unkomplizierte Karomuster eignet sich auch eine schmale Schaumstoffrolle. Da das Anzeichnen und Rollen schnell geht, kann man die Technik auch für große Flächen anwenden. Mit der Schaumstoffrolle lässt sich die Farbe sehr sparsam auftragen – da darf man sich auch einmal eine teure Perlglanz- oder Metallicfarbe (siehe Seite 14 und 16) gönnen.

Zeichnen Sie auf der grundierten Fläche nur Markierungen an, wo sich die Linien kreuzen. Ein Teil des Charmes solcher Muster liegt in den kleinen Unregelmäßigkeiten. Ziehen Sie die Rolle durch die Farbe und malen Sie zuerst die waagerechten, dann die senkrechten Linien. Muss die Rolle zwischendurch in Farbe getaucht werden, setzen Sie jeweils an einem Kreuzungspunkt neu an, damit die Ansatzstelle weniger auffällt.

Vergolden

Vergoldetes Glas

Vergoldete Gegenstände sehen so faszinierend aus, dass man meinen möchte, die Technik sei sehr schwierig. Das ist aber keineswegs der Fall. Transfer-Blattmetall gibt es in verschiedenen Farben und Qualitäten: Echtgold, Goldimitat, patiniertes Goldimitat, Silber, Aluminium (das wie Silber aussieht) und Kupfer. Wählen Sie den Ton, der am besten zu Ihrer Einrichtung passt. Für die abgebildete Glasplatte habe ich 22-karätiges Echtgold verwendet, der Rahmen ist mit Metallicfarbe (siehe Seite 16) gestrichen. Das Glas wurde auf der Rückseite vergoldet, sodass die fertige Fläche hinter Glas liegt.

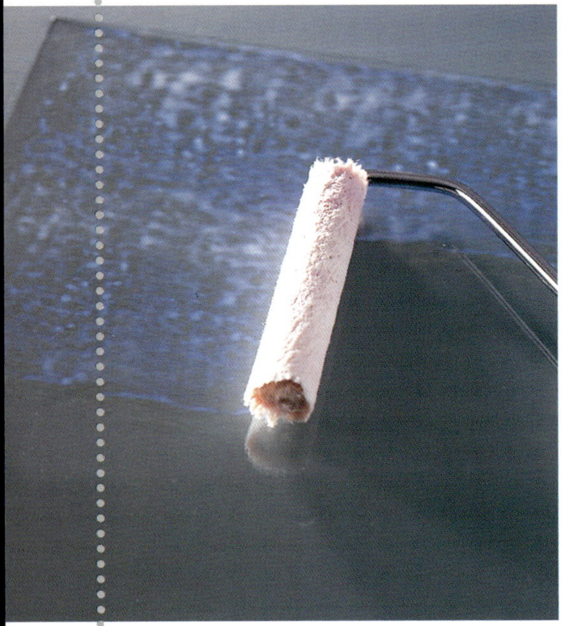

1 *Tragen Sie mit einer kurzflorigen Rolle Acryl-Anlegemilch auf die Rückseite der Glasplatte auf und lassen Sie sie antrocknen, bis sie klar und klebrig wird. Das prüft man am besten mit der Fingerspitze.*

2 *Jetzt legen Sie das erste Metallblatt mit der Vorderseite nach unten auf das Haftmittel. Reiben Sie mit der Hand über das Trägerpapier auf der Rückseite, um das Blattmetall behutsam anzudrücken. Dann das Trägerpapier vorsichtig abziehen und das nächste Blatt anlegen. Keine Sorge, wenn kleine Lücken frei bleiben. Man kann sie entweder später füllen oder den Antikeffekt verstärken, indem man – wie in diesem Beispiel – das Metall später anschleift.*

3 *Nun fahren Sie mit feiner Stahlwolle behutsam über das Blattmetall. Soll das Gold stark abgewetzt wirken, gleiten Sie in kraftvollen Bewegungen über die ganze Fläche. Zartere Effekte erhält man, indem man kleine, kreisförmige Bewegungen ausführt. Da Sie auf der Rückseite arbeiten, müssen Sie regelmäßig die Glasplatte umdrehen und überprüfen, wie der Effekt auf der Vorderseite wirkt.*

Patchwork aus Gold
Weil hier nur eine kleine Wandfläche dekoriert wurde, habe ich die Felder mit Bleistift angezeichnet und dann die Anlegemilch mit dem Pinsel aufgetragen. Bei einer größeren Fläche würde dieses Verfahren zu lange dauern. Dann sollten Sie sich unbedingt eine Pappschablone (siehe Seite 44) in der Größe der Metallblätter zuschneiden und die Anlegemilch mit der Rolle auftragen. Für dieses Beispiel habe ich patiniertes Goldimitat verwendet, das in verschiedenen Blattgrößen angeboten wird.

1 Zuerst die Formen, die vergoldet werden sollen, auf der Wand anzeichnen und mit Anlegemilch bestreichen. Ich habe einfache Quadrate gewählt, andere Formen eignen sich aber ebenso gut. Die Anlegemilch antrocknen lassen, bis sie klar und klebrig wird.

2 Jetzt das Metallblatt mit der Goldseite nach unten auf die Anlegemilch legen, mit der Hand über das Trägerpapier fahren, um das Metall anzureiben, und das Papier abziehen.

Gold-Druck
Dabei handelt es sich um eine besonders reizvolle Technik. Sie ähnelt dem Druckverfahren mit Dispersionsfarbe (siehe Seite 49), wirkt aber durch das Blattmetall viel edler. Zum Drucken eignen sich die verschiedensten Gegenstände. Fertigen Sie unbedingt einige Probedrucke an, ehe Sie eine ganze Wand in Angriff nehmen.

Vergoldete MDF-Platte
Schlichte kunststoffbeschichtete Spanplatten lassen sich ausgezeichnet vergolden. Da das Blattmetall jedoch sehr dünn ist und sich in die kleinsten Vertiefungen legt, sollten Sie die Oberfläche vor der Bearbeitung glätten. Man kann auch Holz vergolden, doch muss man dabei bedenken, dass die Maserung sichtbar bleibt. Diesen Rahmen habe ich mit Echtgold verziert. Es ist zwar um einiges teurer als Goldimitat, doch es lässt sich weitaus einfacher verarbeiten.

Tragen Sie die Anlegemilch mit einer Rolle auf die MDF-Platte auf und lassen Sie die Flüssigkeit antrocknen, bis sie klar und klebrig wird. Dann das erste Metallblatt mit der Metallseite nach unten auflegen, anreiben und das Trägerpapier abziehen. So fortfahren, bis die ganze Fläche bedeckt ist. Soll das Objekt im Badezimmer aufgestellt werden, muss das Gold mit einem speziellen Lack geschützt werden, der ebenfalls im Fachhandel erhältlich ist. Der Lack kann mit dem Pinsel oder im Airbrush-Verfahren (siehe Seite 84) aufgebracht werden.

1 *Ein Blatt (je weniger grün, je mehr getrocknet und strukturiert, desto besser) auf ein sauberes Stück Papier legen und die Oberfläche mit Acryl-Anlegemilch bestreichen. Je nachdem, wie viel Anlegemilch Sie aufstreichen, wird später unterschiedlich viel Metall an dem Motiv haften. Dadurch gleicht kein Motiv dem anderen.*

2 *Legen Sie das bestrichene Blatt an die Wand und decken Sie es mit einem sauberen Stück Papier ab. Reiben Sie es mit der Handkante an und fahren Sie mit den Fingern vom Rand zur Mittelader über die Blattadern. Papier und Blatt abziehen, dann die Anlegemilch antrocknen lassen, bis sie klar und klebrig wird.*

3 *Ein Blatt Transfer-Blattmetall – ich habe Silber verwendet – mit der Metallseite nach unten auf die vorbereitete Stelle legen, sanft anreiben und das Trägerpapier abziehen. Dann mit einem dicken, weichen Pinsel – ideal ist ein Rougepinsel – das lose Blattmetall abfegen, sodass die feine Struktur des Blattes zum Vorschein kommt. Das Silber läuft mit der Zeit an. Wer diesen Prozess verhindern will, versiegelt die fertig dekorierte Wand mit einer Schicht Acryl-Klarlack.*

TECHNIKEN:
Maserieren

Ahorn

Es handelt sich dabei um eine arbeitsintensive Technik, die sich am besten für kleinere Flächen wie Tischplatten oder einzelne Paneele eignet. Für diesen Effekt braucht man Spezialpinsel, nämlich Maserier- und Vertreiberpinsel. Gearbeitet wird mit abgetönter Lasur (siehe Seite 20). Es gibt Abtönkonzentrate in verschiedenen Holztönen, mit denen sich warme, helle Nuancen mischen lassen.

1 *Die Fläche zunächst mit honigfarbener Dispersionsfarbe grundieren und vollständig trocknen lassen. Dann die angerührte Lasur mit einem Flachpinsel auftragen.*

2 *Nun mit dem Maserierpinsel (rechts) ein feines Zickzackmuster in die Lasur ziehen. Anschließend nur mit den Spitzen des Vertreibers leicht über die Zickzacklinien tupfen, um sie aufzubrechen.*

Eiche

Diese Technik eignet sich auch zum Gestalten ganzer Wände. Es wird das gleiche Lasurrezept wie für den Ahorneffekt verwendet, diesmal aber mit einem Abtönkonzentrat in einem hellen Eicheton oder gebrannter Umbra. Als Grundierung dient cremefarbene Dispersionsfarbe. Die Grundierung muss gut getrocknet sein, sonst wird sie durch den Metallkamm zerkratzt.

Die Lasur in derjenigen Richtung auftragen, in der später die Maserung verlaufen soll. Dann entlang der Pinselstriche den Kamm durch die Lasur ziehen. Dabei deuten Sie die Maserung durch sanfte Wellenbewegungen an. Ausdrucksvoller wirkt der Effekt, wenn mit einzelnen Bewegungen die gleichmäßigen Linien hier und da unterbrochen werden.

Lebhafte Maserung
Diese Technik eignet sich für große und kleine Flächen. Auch hierfür wird Lasurmedium mit Abtönkonzentrat angerührt. Ich habe einen mittleren Eicheton gewählt, dazu passend eine Grundierung in einem sanften Braun. Für diesen Effekt benötigen Sie eine spezielle Maserierrolle, die im Fachhandel erhältlich ist. Die Technik erfordert zwar etwas Übung, da die Lasur aber langsam trocknet, kann man Fehler einfach mit dem Pinsel überstreichen und noch einmal beginnen.

Zuerst die Lasur in der Richtung auftragen, in der die Maserung verlaufen soll. Dann die Maserierrolle durch die feuchte Lasur ziehen. Wo Astholz angedeutet werden soll, wird die Rolle kurz vor und zurück gewippt.

Modernes Astholz
Dieses Beispiel zeigt, dass man mit einer traditionellen Technik und unkonventionellen, leuchtenden Farben sehr moderne Effekte erzielen kann. Die Grundierung besteht aus leuchtendem Gelb, die Lasur aus kräftigem Pink.

Papier & Découpage

Geknülltes Papier

Für diese Technik benötigen Sie Layoutpapier, das im Fachhandel für Künstlerbedarf in Formaten bis DIN-A-1 erhältlich ist. Layoutpapier ist so dünn, dass man es auf eine Wand kleben kann, ohne dass Nahtstellen sichtbar bleiben. Das Papier wird mit wasserlöslicher Stofffarbe (siehe Seite 27) eingetönt – dabei sollten Sie Gummihandschuhe tragen, um Ihre Hände nicht zu färben. Wenn Sie genügend Blätter vorbereiten, können Sie eine ganze Wand tapezieren. Das fertige Papier sieht sehr knitterig aus. Klebt und drückt man es mit verdünntem Weißleim an die Wand, wird es während des Tocknens glatt. Zur Versiegelung mit einer großen Lammfellrolle matten Klarlack auf Wasserbasis auftragen.

Tupfen Sie verdünnte Stofffarbe auf das feuchte Papier. Mit den Händen wird das Papier nun zu einer Kugel geknüllt. Danach sofort wieder auseinander falten und glatt ziehen. Die mit Farbe versehene Seite bildet später die Rückseite des fertigen Dekopapiers.

Färben und salzen

Auch hierfür benötigen Sie kalt lösliche Stofffarbe (siehe Seite 27). Nach dem Aufstreuen des Salzes darf das Papier nicht mehr bewegt werden, bis es vollständig getrocknet ist. Decken Sie deshalb vorher die Arbeitsfläche mit mehreren Lagen Zeitungspapier ab. Mit verdünntem Weißleim kann man das Papier auf Wände oder Möbel kleben. Damit die fertige Fläche leicht glänzt, wird mit einer großen Lammfellrolle ein seidenglänzender Lack auf Wasserbasis aufgetragen.

Die Stofffarbe in einem kräftigen Ton nach Herstelleranweisung auflösen. Wer möchte, kann verschiedene Farben miteinander mischen. Mit einem großen, weichen Pinsel die Farbe auf das Papier streichen und sofort danach Salz aufstreuen, als würden Sie Samen säen. Jedes Salz ist geeignet. Das Salz saugt Feuchtigkeit auf, sodass hellere Flecken entstehen. Nach dem vollständigen Trocknen schütteln Sie das überschüssige Salz vom Papier ab.

Motive hinter Glas

Hier werden die Papiermotive auf die Rückseite einer Glasplatte geklebt – man muss sich also überwinden, die Vorderseiten mit Leim zu bestreichen. Ich habe hier Schwarz-Weiß-Kopien für ein Muster gewählt, das durch die Glasplatte perfekt geschützt wird.

Fotokopierte Motive

Ich habe hierfür als Motiv Blätter gewählt, weil man sie problemlos auf einen Farbfotokopierer legen kann. Dreidimensionale Objekte wie Blüten sollte man zuerst fotografieren und dann eine Farbkopie ziehen.

1 Wer möchte, kann die ausgeschnittenen Motive mit wasserlöslichen Stofffarben, Tusche, Acrylfarben oder Aquarellfarben kolorieren. Nach dem Trocknen werden die Einzelmotive akkurat ausgeschnitten.

Die Blätter werden einfach mit der Schere ausgeschnitten und auf dem Untergrund arrangiert. Wenn Ihnen die Anordnung gefällt, kleben Sie sie mit Weißleim auf. Überschüssigen Leim mit einem feuchten Tuch abwischen. Nach dem Trocknen wird die fertige Arbeit mit Klarlack auf Wasserbasis überzogen.

2 Die Motive auf der Vorderseite mit Weißleim bestreichen und nach unten auf die Rückseite der Glasplatte legen. Überschüssigen Leim abwischen. Nach dem Trocknen wird der Leim transparent. Anschließend kann die beklebte Fläche mit farbigem Lack oder mattem Klarlack besprüht werden (Seite 18, 19). Wendet man die Glasplatte, bildet die Farbe oder der Mattlack den Hintergrund für die Motive. Eventuell mit einer Schicht Klarlack auf Ölbasis aus der Spraydose versiegeln.

Projizieren

1 *Die Rückseite der Fotokopien mit verdünntem Weißleim bestreichen, dann die Motive auf der Wand ausrichten und glatt streichen. Luftblasen werden entweder zu den Rändern hin ausgestrichen oder mit einer Stecknadel aufgestochen. Überschüssigen Leim abwischen.*

2 *Lasurmedium mit einem zur Grundierung passenden Farbkonzentrat mischen (Seite 20). Wenn die Fotokopien trocken sind, wird die gesamte Fläche mitsamt den Motiven lasiert (Seite 58).*

Übermalte Fotokopien

Mit dieser Technik kann man gestrichene Wände ganz einfach mit einzelnen Motiven oder ganzen Friesen dekorieren. Man kann die Motive – wie im Beispiel – entweder unregelmäßig verteilen oder zu einer Bordüre anordnen. Wählen Sie ein Dekor, das Ihnen gefällt und fotokopieren Sie es in ausreichender Anzahl. Schneiden Sie die Motive bei Bedarf aus. Die Wand muss zuerst mit Dispersionsfarbe grundiert werden und gut trocknen.

Projizierte Bilder

Wenn Sie sich nicht trauen, ein ganzes Bild auf eine Wand zu malen oder zu zeichnen, ist dies die richtige Technik für Sie. Wer keinen Overheadprojektor zu Hause hat, sollte sich einen ausleihen. Fotografieren Sie das Objekt, das Sie verwenden möchten und kopieren Sie das Foto auf Folie. Sie können auch ein Dia mit einem entsprechenden Projektor an die Wand werfen.

1 *Projizieren Sie das Motiv an die Wand. Verschieben Sie den Projektor dann so lange, bis Ihnen Position und Größe des Bildes zusagen. Zeichnen Sie dann bei eingeschaltetem Projektor die Konturen mit einem Bleistift nach.*

2 *Wollen Sie das Motiv exakt kopieren, lassen Sie den Projektor während des gesamten Malvorgangs eingeschaltet. Wenn Sie die Farbgestaltung selbst festlegen möchten, schalten Sie ihn ab. Zum Ausmalen der vorgezeichneten Konturen eignen sich Dispersions- und Künstlerfarben.*

Lasertransferfolie

Mit dieser neuartigen Folie kann man jedes Motiv auf nahezu jede Oberfläche übertragen. Holz, Wachs, Stein, Verputz oder PVC lassen sich auf diese Weise mit verschiedensten Motiven dekorieren – von der Blüte bis zur Scheibe Toast. Mit einer speziellen Folie gelingt sogar die Übertragung von Bildern auf Textilien.

1 *Zuerst das Motiv ausschneiden und etwa eine Minute lang mit der Bildseite nach unten in Wasser einweichen. Beachten Sie die Gebrauchshinweise des Folienherstellers.*

2 *Das Motiv aus dem Wasser nehmen und mit der Bildseite nach unten auf ein Stück Küchenkrepp legen, um das überschüssige Wasser aufzusaugen. Einen Lappen mit Terpentin befeuchten und die Oberfläche abwischen, die mit dem Motiv dekoriert werden soll.*

3 *Danach sofort das Motiv mit der Bildseite nach unten auf die vorbehandelte Fläche legen und das Trägerpapier abziehen. Mit dem terpentinfeuchten Lappen über das Motiv tupfen, um es gleichmäßig anzudrücken. Trocknen lassen.*

TECHNIKEN: Tupfen & Stupfen

Naturschwamm
Dass die Technik des Schwammtupfens schon seit langer Zeit bekannt und beliebt ist, spricht für ihre Qualitäten. Der Effekt steht und fällt allerdings mit den gewählten Farben. Ungünstig sind nicht nur altertümliche Töne, sondern auch zu starke Farbkontraste. Am schönsten wirken sanfte Farben, die harmonisch aufeinander abgestimmt sind. Wichtig ist auch, die Fläche dicht an dicht abzutupfen, um ein gleichmäßiges Gesamtbild zu erhalten.

Die Fläche zuerst mit Dispersion grundieren und trocknen lassen. Zum Tupfen mischen Sie Dispersionsfarbe zu gleichen Teilen mit Lasurmedium. Tauchen Sie einen Naturschwamm in die Lasur und tupfen Sie damit die Wandfläche ab. Arbeiten Sie dabei in Abschnitten von etwa einem Quadratmeter Größe. Nach dem Erzielen einer Struktur nehmen Sie sich das nächste Segment vor.

Synthetikschwamm
Er verfügt über kleinere Poren als ein Naturschwamm und produziert deshalb feinere Texturen. Schneiden Sie den Schwamm in eine unregelmäßige Form, um gerade Kanten zu vermeiden. Bei dieser Technik fallen Unebenheiten der Fläche stark auf, sie eignet sich daher am besten für glatte Wände. Ich habe mir für dieses Beispiel viel Zeit genommen, um eine feine und gleichmäßige Textur zu erhalten, die fast wie Leder aussieht. Um der relativ ruhigen Fläche etwas Lebendiges gegenüber zu stellen, habe ich die Fußleiste mit einem Sgraffito verziert (siehe Seite 91).

[redacted]

Die Fläche zuerst mit Dispersion grundieren und trocknen lassen. Zum Tupfen Dispersionsfarbe zu gleichen Teilen mit Lasurmedium mischen. Den Schwamm in die Lasur tauchen und die Wandfläche abtupfen. Tupfen Sie so lange, bis Ihnen die Textur gefällt. Tränken Sie den Schwamm nicht zu stark mit Farbe, sonst entstehen keine feinen Tupfen, sondern hässliche Schlieren.

Fließender Übergang

Das Stupfen mit der Bürste ist zwar mühsam, doch das Resultat lohnt die Arbeit allemal. Um zu zeigen, welche subtilen Effekte möglich sind, habe ich die Farben in Streifen abgestuft. Wenn Sie eine Wand in dieser Technik gestalten wollen, kaufen Sie die größte Scheuer- bzw. Stupfbürste, die Sie finden, sonst wird die Arbeit zur Qual. Es ist günstig, zu zweit zu arbeiten – eine Person streicht, die andere stupft.

1 *Die Wand in der hellsten Farbe grundieren und trocknen lassen. Die Farbe für den mittleren Ton zu gleichen Teilen mit Lasurmedium mischen. Bei heißem Wetter zusätzlich Trocknungsverzögerer zugeben, damit sich die Lasur länger bearbeiten lässt. Messen Sie vom Fußboden her die Höhe aus, bis zu der der Mittelton reichen soll, und zeichnen Sie feine Markierungen auf die Wand. Tragen Sie die Farbe bis zur Markierung auf. Stupfen Sie mit der Bürste über die gesamte noch feuchte Fläche. Um einen weichen Übergang zu erhalten, stupfen Sie noch etwa 5 cm auf die im helleren Ton gestrichene Fläche. Die Bürste dafür nicht in die Farbe tauchen. Die Farbe, die sich in den Borsten gesammelt hat, reicht aus. Über Nacht trocknen lassen.*

2 *Den Vorgang mit dem dunkelsten Ton im unteren Wandbereich wiederholen. Wenn sich während des Stupfens zu viel Farbe in den Borsten ablagert, wischen Sie die Bürste mit einem Lappen ab.*

Maskieren

Streifen kleben
Ich habe mich bewusst für unregelmäßige Streifen entschieden, um nicht den Eindruck einer Tapete hervorzurufen. Es handelt sich um ein zeitraubendes Verfahren: Man klebt einige Streifen ab, streicht sie und muss sie lange genug trocknen lassen, um die angrenzenden Streifen zu bearbeiten. Deshalb eignet sich die Technik besser für eine einzelne Wand oder eine Nische als für einen ganzen Raum.

Zuerst die Wand mit Dispersionsfarbe grundieren und trocknen lassen. Mit Malerkrepp Streifen abkleben und diese mit Dispersion in verschiedenen Tönen streichen. Das Malerkrepp sofort abziehen. Wenn man das Kreppband zum Trocknen aufhängt, kann man es zum Abkleben weiterer Streifen verwenden.

Geklebte Kurven
Fließendere Muster kann man mit speziellem Klebeband für Rundungen abkleben. Der Vorteil dieser Technik ist, dass man saubere Kanten erhält, die aus freier Hand nur schwer zu erzielen sind.

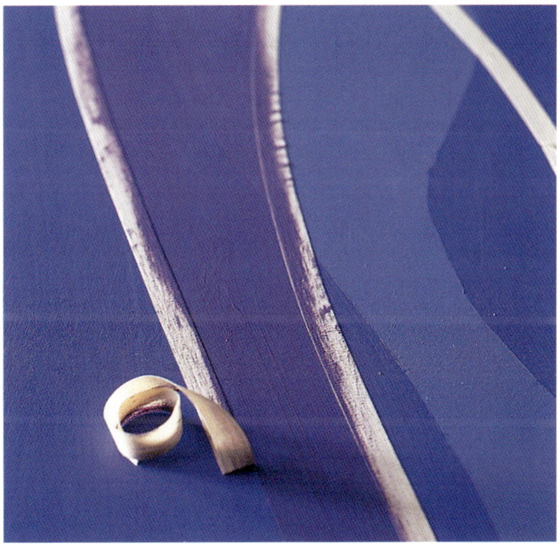

Verwenden Sie hierfür ein spezielles Maskierband, das sich zu weichen Bögen ziehen lässt. Man kann die äußere Kante auch in leichte Fältchen legen. Die Kreppkante, an der gemalt wird, muss jedoch ganz glatt aufliegen, sonst wird die Streifenkontur unsauber. Für stärkere Rundungen empfiehlt sich Abklebeband aus dem Fachhandel für Autozubehör. Mischen Sie dann die Dekorationsfarben mit etwas Lasurmedium. Nach dem Farbauftrag habe ich mit dem trockenen Pinsel eine leichte Textur in die Farbe gezogen, um die Fläche zu beleben. Zum Schluss vorsichtig das Kreppband abziehen.

Abdeckflüssigkeit
Dieses Hilfsmittel ist im Fachhandel für Künstlerbedarf erhältlich. Es sieht aus wie zähflüssiges Gummi. Verarbeiten Sie es mit einem alten Pinsel, da die Flüssigkeit die Borsten verkleben kann. Man kann Klebereste allerdings entfernen, indem man den Pinsel vom Borstenansatz zur Spitze mit einer Drahtbürste „auskämmt". Weil das Entfernen der Flüssigkeit mühsam ist, eignet sich diese Technik vor allem für kleine Flächen. Gehen Sie ans Werk, wenn Sie sich besonders energiegeladen fühlen.

1 *Zuerst die Fläche mit Dispersionsfarbe grundieren und über Nacht trocknen lassen. Die Abdeckflüssigkeit in schwungvollen Strichen auf die Wand auftragen – am besten bewegen Sie dazu den ganzen Arm. Die Flüssigkeit trocknen lassen. Wenn sie transparent wird, kann sie überstrichen werden.*

2 *Lasurmedium und Farbe zu gleichen Teilen mischen (ich habe eine Metallicfarbe verwendet) und mit einer Rolle auf die Wand auftragen. Dabei werden Grundierung und Abdeckflüssigkeit übermalt. Über Nacht trocknen lassen.*

3 *Jetzt beginnt der mühsame Teil. Lockern Sie die getrocknete Maskierung mit den Fingern und ziehen Sie sie vorsichtig ab. Es dürfen keine Reste übrig bleiben, sonst sieht die Fläche später unsauber aus. Arbeitshandschuhe aus Leder dienen dem Schutz Ihrer Hände.*

Maskieren mit Wachs

Es handelt sich dabei um eine Spezialtechnik zum Dekorieren von Stoffen, die auch als Wachsbatiken bekannt ist. Man braucht dafür ein spezielles Wachs aus dem Hobbyfachhandel, das mit milder Hitze auf dem Herd geschmolzen wird. Lassen Sie den Topf keine Sekunde lang aus den Augen – das heiße Wachs kann sich urplötzlich selbst entzünden.

1 *Den Stoff gleichmäßig in einen Holzrahmen spannen. Solche Rahmen kann man kaufen oder selbst bauen. Mit Hilfe eines Pinsels die gewünschten Motive mit dem geschmolzenen Wachs aufmalen. Ich habe aus freier Hand gemalt, Sie können die Konturen aber auch zuerst mit Schneiderkreide vorzeichnen.*

2 *Nun vier Teile kalt lösliche Stofffarbe mit einem Teil Natron vermischen. Einen Teelöffel dieser Mischung mit 1/4 bis 1/3 Tasse warmem Wasser anrühren, um eine konzentrierte Farbe zu erhalten. Diese Farbe ist etwa 30 Minuten lang verwendbar, rühren Sie daher nur kleine Portionen an. Die Farbe wird mit einem Pinsel auf den Stoff aufgetragen, wobei die mit Wachs bestrichenen Bereiche keine Farbe annehmen. Lassen Sie die Farbe so lange wie möglich auf den Stoff einwirken – bis zu einer Woche.*

Um das Wachs zu entfernen, lösen Sie den Stoff aus dem Rahmen und tauchen ihn in kochendes Wasser. Bewegen Sie ihn darin drei Minuten lang, dann schöpfen Sie das gelöste Wachs von der Wasseroberfläche. Danach den Stoff in kaltem Wasser spülen, eventuelle Wachsreste mit den Fingern lösen und den Stoff bügeln. Große Stücke kann man auch in die chemische Reinigung geben.

TECHNIKEN:

Mosaikeffekt

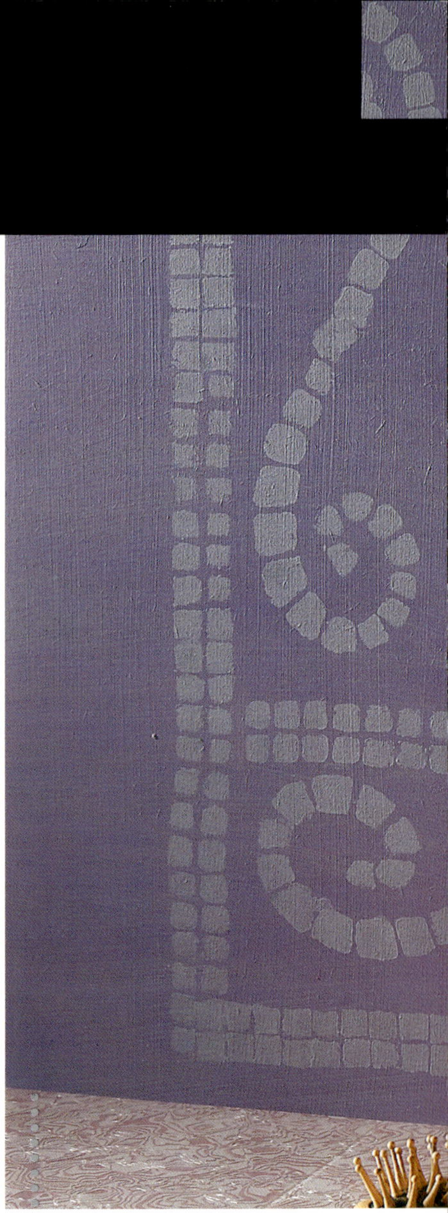

Gestempeltes Mosaik

Hierbei handelt es sich um ein einfaches und schnell zu bewerkstelligendes Dekorationsverfahren. Der besondere Reiz liegt in den leichten Unregelmäßigkeiten: Manche Quadrate sind schwächer gefärbt als andere, keine Linie ist gerade. Waschen Sie nach der Arbeit den Schwammstempel vorsichtig aus und bewahren Sie ihn für das nächste Projekt auf.

1 *Für den Stempel kleine Würfel aus einem Synthetikschwamm schneiden (ich habe dafür ein Brotmesser verwendet) und mit unverdünntem Weißleim auf ein Stück MDF- oder Hartfaserplatte kleben. Der Leim muss vollständig aushärten, ehe der Stempel benutzt wird.*

2 *Die Wand mit Dispersionsfarbe grundieren und trocknen lassen. Für das Mosaik Dispersionsfarbe zu gleichen Teilen mit geeignetem Lasurmedium mischen. Den Stempel in die Lasurmischung tauchen und auf die Wand drücken. Gleich daneben – ohne erneutes Eintauchen – einen weiteren Abdruck vornehmen. Nach etwa vier Abdrücken muss der Stempel wieder eingefärbt werden. Das Muster nicht berühren, bis es komplett getrocknet ist.*

Schabloniertes Mosaik

Bordüren auf Wänden und Fußböden kann man gut mit Hilfe von Schablonen gestalten. Weil das hier gewählte Dekor relativ kleinteilig ist, habe ich eine Schablone aus Acetat (siehe Seite 45) zugeschnitten. Zuerst wurde die Wand lasiert (siehe Seite 58), nach dem Trocknen habe ich mit der Schablone eine Bordüre aufgemalt. Innerhalb des Rahmenmotivs könnte man ein weiteres Mosaik stempeln. (Motivvorlage siehe Seite 125)

Die Schablone ausrichten und mit Malerkrepp fixieren. Mit einer Rolle Dispersionsfarbe auftragen. Die Schablone ablösen, reinigen, neu ausrichten und den Vorgang wiederholen.

Gemaltes Mosaik

Ein Mosaik von Hand zu malen kostet viel Zeit und ist eigentlich nur für kleine Objekte sinnvoll. Um diese schlichte Vase aufzupeppen, habe ich an ihrem oberen Rand eine Bordüre aus glitzernden Mosaikfeldern angebracht. Das gelingt am besten mit einem flachen, gerade abgeschnittenen Borstenpinsel.

Malen Sie die Mosaiksteinchen mit glitzernder Keramikfarbe auf und streuen Sie in die noch feuchte Farbe zusätzlich Flitter. Nach dem Trocknen wird noch etwas Farbe aufgetupft, um den Flitter zu versiegeln.

TECHNIKEN: Craquelé

Craquelé mit Gummiarabikum

Diese Technik führt zu sehr interessanten Ergebnissen, man sollte sie aber unbedingt vorher auf einer Probeplatte testen, um ein Gefühl für den Farbauftrag zu erhalten. Im Allgemeinen verwendet man sanfte Pastelltöne. Ich stelle hier eine moderne Variante in leuchtenden Farben vor.

1 Die Fläche zuerst mit Dispersionsfarbe grundieren und trocknen lassen. Die Farbe schimmert später durch die Risse. Nach dem Trocknen wird auf die Grundierung eine dicke Schicht Gummiarabikum aufgetragen, das ebenfalls komplett austrocknen muss.

2 Die Rolle in Dispersionsfarbe tauchen und in einem Zug über das Gummiarabikum rollen. Der Trick besteht darin, die Farbe in einem einzigen Strich dick aufzutragen. Durch Vor- und Zurückschieben der Rolle würde man den Effekt ruinieren. Die Risse bilden sich recht schnell und werden mit dem Trocknen der Farbe noch größer.

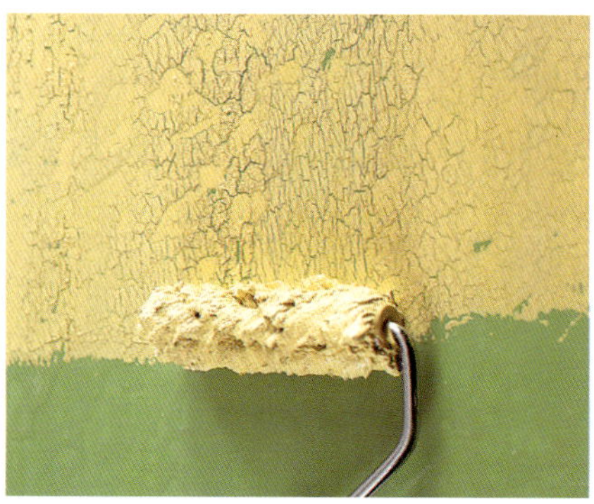

Metallic-Craquelé

Über einer farbigen Dispersion sieht dieses Metallic-Craquelé besonders gut aus. Einen altertümlichen Effekt erzielt man mit einer Grundierung in sanftem Rot oder Blau, moderner dagegen wirkt eine leuchtende Farbe wie Lindgrün oder Violett. Materialien für diese Technik werden im Fachhandel auch unter der Bezeichnung Reißlack angeboten.

1 Zuerst den Gegenstand – in diesem Beispiel ein Terrakottatopf – mit Dispersionsfarbe grundieren und trocknen lassen. Danach das Craquelé-Medium auftragen und ebenfalls komplett trocknen lassen.

2 Mit einem weichen Pinsel die Metallicfarbe auftragen. Wie beim Gummiarabikum darf keine Fläche mehrmals überstrichen werden, nehmen Sie deshalb reichlich Farbe mit dem Pinsel auf. Wenn Sie Bereiche nachstreichen, verderben Sie den Effekt. Die Risse bilden sich sofort und vergrößern sich während des Trocknens.

Gesprühtes Craquelé

Diese Technik lässt sich besonders schnell handhaben, doch leider gibt es nur relativ wenige Spezialfarben dafür. Man arbeitet in zwei Phasen. Zuerst trägt man die Grundierung, dann die Deckschicht auf. Die Größe der Risse hängt von der Dicke der beiden Farbschichten ab.

1 *Sprühen Sie zunächst die Grundierung auf und lassen Sie sie gut trocknen. Dann wiederholen Sie den Vorgang. Wenn Sie sehr große Risse wünschen, sollten Sie drei oder vier Schichten grundieren.*

2 *Wenn die Grundierung ausgetrocknet ist, wird die Deckschicht aufgesprüht. Je dicker die Farbschicht, desto größer werden die Risse. Die Farbe wird in einem Arbeitsgang aufgetragen. Es dauert etwa 20 Minuten, bis sich die Risse gebildet haben.*

TECHNIKEN: Airbrush

Mit der Spritzpistole

Diese Technik ist einfach und eignet sich auch für große Flächen. Für eine ganze Wand benötigen Sie möglicherweise mehrere Flaschen Druckluft. Wenn Sie sich eine Airbrush-Ausrüstung zulegen, sollten Sie die Herstelleranweisungen beachten, weil jedes Produkt etwas anders funktioniert. Man kann Dispersionsfarbe verarbeiten, muss sie aber auf die Konsistenz flüssiger Sahne verdünnen. Ich habe hier Streifen in drei verschiedenen Farben aufgesprüht und sie anschließend in der Farbe der Grundierung übersprüht, um die Konturen zu verwischen.

Die Farbe in den Farbbehälter geben und auf dem Apparat montieren. Durch den Auslösehebel den Sprühvorgang in Betrieb setzen. Beim Sprühen sollte der Airbrush langsam und gleichmäßig bewegt werden. Bringen Sie nicht zu viel Farbe auf, sonst entstehen Laufnasen.

Gespritzte Muster

Für diese Keramikschale habe ich eine spezielle Farbe verwendet, die man im Backofen brennt, um sie haltbar zu machen. Sie ist so flüssig, dass sie nicht verdünnt werden muss. Um das Muster zu gestalten, habe ich Streifen aus Klebefolie ausgeschnitten und aufgeklebt.

Besprühen Sie die gesamte Fläche in dem gewünschten Farbton. Ich habe hier einen Verlaufeffekt erzielt, indem ich an einer Seite mehr Farbe als an der anderen aufgetragen habe. Mit einem Cutter werden dann die Enden der Klebestreifen gelöst und die Folie abgezogen. Farbe, die auf die Unterseite der Schale gelaufen ist, kann einfach mit einem Lappen abgewischt werden. Befolgen Sie zum Brennen die Hinweise des Farbherstellers.

Farbverlauf

Mit der Spritzpistole lassen sich schöne Farbverläufe gestalten. Für diesen Lampenschirm aus Stoff habe ich eine flüssige Stofffarbe verwendet. Den Lampenständer habe ich vor der Arbeit in einen alten Lappen gewickelt.

Zuerst einen dunklen Streifen um den gesamten unteren Rand spritzen. Anschließend mit lockerer Hand den Spritzapparat auf und ab bewegen, um den zarten Farbverlauf zu erhalten. Nach oben hin sollte die Farbe schwächer werden.

Sprühen mit dem Zerstäuber

Diese kleinen Zerstäuber werden mit Atemkraft betrieben. Große Flächen sind deshalb für diese Technik ungeeignet. Die Farbe muss zu einer beinah wässrigen Konsistenz verdünnt werden, sonst lässt sie sich nicht zerstäuben. Wer zu kurzatmig ist, kann solche Tupfen auch im Airbrush-Verfahren aufbringen.

Die Farbe mit Wasser stark verdünnen. Ein Ende des Zerstäubers eintauchen und durch das Mundstück blasen, um einen Tupfen auf die Wand zu sprühen. Die Farbe muss dünn aufgetragen werden, sonst bilden sich Laufnasen. Sprühen Sie lieber später noch einmal nach.

TECHNIKEN:
Drucken

Bedruckter Stoff
Dabei handelt es sich um eine relativ unkomplizierte Technik, die nahezu für jede ebene Fläche geeignet ist. Es kommt nur darauf an, dass Sie die richtige Farbe für den jeweiligen Untergrund verwenden. Dunkle Farben kommen auf hellen Stoffen gut zur Geltung. Damit man aber eine hellere Farbe auf einem dunklen Stoff sieht, muss man sie eventuell mit Weiß mischen.

Das Schöne am Plattendruck ist, dass man mit dem Muster auf der Acetatplatte experimentieren kann, ehe man es schließlich auf den Untergrund druckt. Wenn man einen Fehler begeht oder das Motiv nicht mehr gefällt, wäscht man die Platte einfach ab und beginnt von vorn.

1 *Gießen Sie etwas Pigmentfarbe in eine Untertasse und malen Sie das Motiv mit einem Pinsel auf die Acetatplatte.*

2 *Kratzen Sie dann mit dem Pinselstiel Muster in das Motiv, um es lebendiger zu gestalten.*

3 *Drücken Sie die Acetatplatte mit der Farbseite nach unten auf den Stoff. Dabei darf die Platte nicht verschoben werden, sonst verwischt das Motiv. Streichen Sie mit der Handkante über das Acetat, dann ziehen Sie die Platte ab. Fertig ist der Druck.*

Drucken auf Keramik

Keramikfarben sind eine tolle Erfindung, um schlichtes Geschirr aufzupeppen. Man kann damit entweder Details oder großflächige Muster drucken. Die meisten Farben sind jedoch nicht spülmaschinenfest, zudem sollte sie man nicht für Porzellan oder Keramik verwenden, das mit Lebensmitteln in Berührung kommt.

Schneiden Sie ein Stück Acetat in der Größe des zu bedruckenden Gegenstandes zu. Für dieses Rastermuster habe ich braune Farbe mit einem Schwamm auf ein Metallgitter getupft und dann das Acetat darauf gedrückt, um die Farbe zu übertragen. Dann drucken, wie nebenan beschrieben.

Drucken auf Glas

Reflektierendes, transparentes Glas ist der ideale Untergrund für gedruckte Motive. Sehr elegant sieht es aus, wenn Sie eine Vase in der Farbe Ihrer Lieblingsblumen dekorieren.

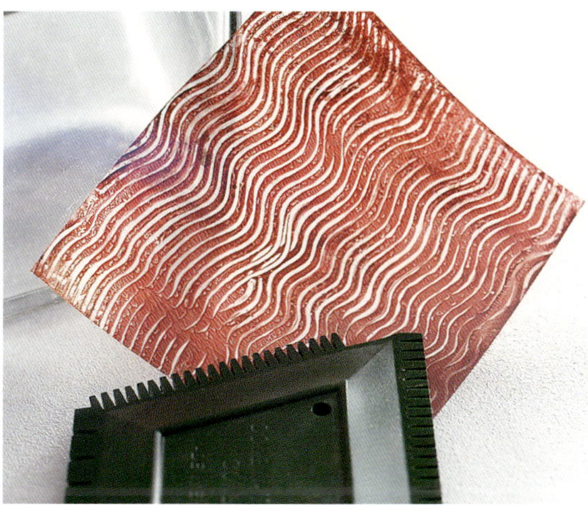

Schneiden Sie ein Stück Acetat in der Größe der zu bedruckenden Fläche zu. Tragen Sie mit einem Pinsel Glas- oder Keramikfarbe auf und kratzen Sie mit einem Kamm ein Muster hinein. Dann kann gedruckt werden.

Bedruckte Wand

So schnell und einfach lässt sich eine eintönige Wand beleben. Wenn Sie halbtransparente Perlglanzfarbe verwenden, können Sie die einzelnen Drucke auch überlappen lassen, um einen Schichteffekt zu erzielen.

Als Grundierung bietet sich Dispersionsfarbe an, aber auch andere Farben. Am besten machen Sie einen Probedruck in einer unauffälligen Ecke.

Um solche Quadrate zu drucken, tragen Sie einfach ein farbiges Viereck auf das Acetat auf – aber nicht zu dick. Schnörkel, Linien und andere Texturen ziehen Sie mit dem Pinsel in die Farbe. Sie könnten beispielsweise jedem Quadrat ein anderes Muster geben. Drucken Sie dann, wie auf Seite 87 beschrieben.

TECHNIKEN: Freihandzeichnen

Streifen

Gewellte Streifen sorgen für einen interessanten Blickfang auf einer einzelnen Wand. Wenn man von Hand malt, geht die Arbeit langsam voran. Entscheiden Sie selbst, wie viele Streifen und Farben Sie verwenden wollen. So ein Muster passt am besten in einen modernen, sparsam möblierten Raum, dessen eher strenge Formen einen attraktiven Kontrast zu den lockeren Linien bilden.

Bilder malen

Sie können nicht gut zeichnen? Kein Problem. Entweder lassen Sie sich von einem talentierten Freund beim Vorzeichnen helfen oder Sie benutzen einen Projektor (siehe Seite 72), um die Umrisse vorher an die Wand zu werfen.

Hierfür eignet sich am besten ein Pinsel mit extra langen Borsten, der speziell zum Malen fließender Linien angeboten wird. Tauchen Sie den Pinsel in die gewünschte Farbe, setzen Sie ihn flach an und ziehen Sie ihn in einer Wellenbewegung über die Fläche. Um die Dicke der Streifen zu variieren, drehen Sie den Pinselstiel beim Ziehen zwischen den Fingern.

Für die fließenden Linien benutzen Sie einen Pinsel mit extra langen Borsten. Kleinere Details malen Sie mit einem kurzborstigen Pinsel. Lange, weich fließende Linien wirken meist natürlicher und ausgewogener als akkurat ausgemalte Details.

[redacted]

Sgraffito

Mit dieser unglaublich einfachen Technik werden Sie sich in Ihre Schulzeit zurück versetzt fühlen. Wenn Sie eine ganze Wand in dieser Weise gestalten möchten, müssen Sie sehr zügig arbeiten. Die oberste Farbe dominiert das Gesamtbild, deshalb sollte man für die Grundierung eine intensive Farbe wählen. Es empfiehlt sich, die oberste Farbschicht in kleineren Abschnitten aufzutragen.

1 *Als Grundierung tragen Sie Dispersionsfarbe in drei oder vier verschiedenen Farbtönen auf. Die Farbbereiche dürfen ruhig unregelmäßig groß sein, weil sie später ohnehin weitgehend überdeckt werden. Die Grundierung über Nacht trocknen lassen. Für die Deckschicht Dispersionsfarbe und Lasurmedium zu gleichen Teilen mischen und in Streifen von etwa einem Meter Breite auf die Wand auftragen.*

2 *Diese Linien habe ich mit dem Gummiende eines Bleistifts gezogen. Doch jedes Muster, das Ihnen gefällt, ist möglich. Sie könnten auch einen größeren Radiergummi zuschneiden, um damit größere Elemente aufzumalen.*

Gedruckte Streifen

Streifen auf Stoff sind schwierig zu malen, da sie meist wellig und unordentlich wirken. Deshalb habe ich sie hier im Freihandverfahren aufgedruckt. Mit Acetat lassen sich ebenso attraktive wie professionelle Ergebnisse erzielen. Ein bedruckter Stoffrest eignet sich beispielsweise als Einband für ein Notizbuch.

Mit einem Pinsel Stofffarbe auf das Acetat auftragen. Die Platte mit der bemalten Seite nach unten auf den Stoff legen und mit der Handkante leicht anreiben. Das Acetat abziehen, die Farbe trocknen lassen und von der Rückseite bügeln, um die Farbe zu fixieren.

Der Erfolg der Renovierung hängt ganz entscheidend von der Art und Weise ab, wie Sie Farben und Techniken miteinander kombinieren. Deshalb habe ich für dieses letzte Kapitel sehr individuelle Räume entworfen, in denen eine Vielzahl von Farben und Techniken zum Einsatz kommt. Sie werden sehen, wie man mit unterschiedlichsten Verarbeitungsweisen wunderbare Resultate erzielt.

Ich habe fünf Einrichtungsstile ausgewählt – die vom edlen Country-Look bis zur urbanen Eleganz reichen –, und jedem eine bestimmte Palette von Farbtönen und Techniken zugeordnet. Ob Sie nun kühle Töne und eine ruhige Umgebung bevorzugen oder warme Farben in lebhaft gestalteten Räumen: Hier finden Sie ganz sicher passende Anregungen. Vor der Gestaltung eines Raums sollten Sie sich zunächst mit grundsätzlichen Faktoren auseinandersetzen. Wie verändert

Stile

Stile

sich das Licht im Lauf des Tages? Wofür wird der Raum genutzt? Müssen Installationen, Beschläge oder Möbel verändert werden? In welchem Zustand sind Wände und Holzelemente? Nachdem Sie all das bedacht haben, können Sie die optimale Farbkombination auswählen und über die geeigneten Produkte und Techniken entscheiden.

Wenn Sie hinsichtlich der Auswahl einer bestimmten Farbe unsicher sind, kaufen Sie eine kleine Dose und streichen Sie erst einen Bereich in Fensternähe. Lassen Sie die Farbe trocknen und beobachten Sie, wie sich die Wirkung im Laufe des Tages verändert. Darüber hinaus sollten Sie die Räume vor der Renovierung gut vorbereiten. Bedecken Sie die Möbel und kleben Sie alle Flächen ab, die nicht gestrichen werden sollen, sonst müssen Sie nachher viel Zeit für das Saubermachen verwenden.

Edler Country-Look

Mit diesem Raum möchte ich einen ganz neuen Country-Stil präsentieren, der weder plüschig noch derb rustikal wirkt. Der Schwerpunkt liegt auf warmen Farben und einer Fülle von Texturen. Es war mir wichtig, dass der Raum entspannend und behaglich wirkt, zugleich aber auch viel Anregung fürs Auge bietet. Mit verschiedenen Farben und Techniken wurde jede Fläche individuell gestaltet.

Die Farbtöne wurden an den Einrichtungsgegenständen ausgerichtet, einem großen, relativ dominierendem Sideboard und den klassisch modernen Lederpolstern und -kissen.

Während eine Wandfläche mit auberginefarbenem Strukturputz bedeckt wurde, erhielt die andere Wand eine sanft leuchtende Eichenmaserung. Patinierte „Metallbilder“ setzen kleine Akzente und greifen zugleich andere Farben im Raum auf, wie etwa den Rostton des Sockels im Vordergrund. Auf diese Weise entsteht eine optische Geschlossenheit.

Um die Behaglichkeit zu unterstreichen, habe ich warme Farben und sinnliche Materialien eingesetzt. Die Möbel aus Leder und Wildleder fühlen sich nicht nur herrlich an, sondern verleihen dem Raum durch ihre gerundeten Kanten eine weiche Note. Zu meinen Lieblingsbeschäftigungen gehört seit jeher die Gestaltung meiner Wohnung, das Umstellen von Möbeln und Dekorationen: Für dieses Beispiel habe ich verschiedene schlicht geformte Vasen interessant zueinander gruppiert.
Seit meiner Kindheit habe ich die Welt mit den Händen erkundet – sehr zum Leidwesen meiner Eltern, wenn wir in Glas- und Porzellanabteilungen unterwegs waren. Ich fühle mich in diesem Raum so wohl, weil jede Oberfläche einen ganz eigenen Charakter hat und sich von ihrer Umgebung abhebt. Jedes Stück lädt dazu ein, es durch Berührung näher zu erforschen.

Rostiger Sockel

Damit dieser unscheinbare kunststoffbeschichtete Sockel Charakter bekam, habe ich ihn mit reaktionsfähiger Eisenfarbe gestrichen, die echte Metallpartikel enthält. Sie ist deshalb schwerer als andere Farben und verströmt zudem einen unangenehmen Geruch. Der Rosteffekt lässt sich relativ einfach bewerkstelligen (siehe Seite 16).

Die MDF-Platten müssen zuerst grundiert werden. Ich habe hierfür schwarze Dispersionsfarbe verwendet. Auch die Eisenfarbe ist zunächst schwarz, wenn man sie aufträgt. Damit der Sockel tatsächlich rostig aussieht, habe ich ziemlich viel Patinierlösung aufgetragen. Die senkrechten Flächen sind besonders gut gelungen, da die Lösung sehr natürlich wirkende Tropfen und Schlieren gebildet hat. Das Patinierungsmittel enthält eine milde Säure – was gefährlicher klingt als es ist, solange man sich genau an die Gebrauchsanweisung hält.

Patinierte Tafeln

Diese drei patinierten MDF-Platten wurden mit kräftigen, doppelseitigen Klebepads befestigt und hängen absolut fest und sicher an der Wand. Auf den ersten Blick sehen sie sehr kunstvoll gestaltet aus, doch in Wirklichkeit sind sie genauso einfach zu bewerkstelligen wie der rostige Sockel. Um die MDF-Platten zu versiegeln und für eine gute Grundierung zu sorgen, habe ich jede mit einer passenden Dispersion gestrichen. Als Deckfarbe habe ich reaktionsfähige Farben verwendet (siehe Seite 16), die Metallpartikel enthalten. Nach dem Trocknen wurde eine entsprechende Patinierlösung aufgesprüht, um die charakteristischen schwarzen, grünen und braunen Schattierungen von gealtertem Metall zu produzieren.

Polierter Verputz

Das Verputzen dieser Wandfläche hat großen Spaß gemacht – ich wollte gar nicht damit aufhören (siehe Seite 39). Wichtig ist die Vorbereitung. Kleben Sie alle umgebenden Kanten ab und legen Sie den Fußboden mit alten Laken aus. Ich habe hier Putzgips mit Acrylfarbe abgetönt und gründlich mit einem Löffel vermischt. Der Putzgips ist recht zäh und das Vermischen ist mühsam, nehmen Sie sich unbedingt reichlich Zeit dafür. Putzgips gibt es zum Abtönen in hellen, mittleren und dunklen Farben. Ich habe ein Produkt für dunkle Farben gewählt, da es weniger Weißpigment enthält und darum auch weniger Acrylfarbe zum Abtönen nötig ist. Diese Technik ist ideal für Wände, die uneben sind, etwa durch das Abkratzen alter Tapeten. Sie eignet sich auch gut für Menschen, die sich – wie ich – für strukturierte Wände begeistern.

Wand im Pinselzugverfahren

Zugtechniken arbeitet man normalerweise in senkrechter Richtung (siehe Seite 56). Ich wollte die Tradition einmal auf den Kopf stellen und ausprobieren, wie waagerechte Streifen wirken. Da hat sich mal wieder meine rebellische Ader offenbart.

Ein wichtiger Teil dieser Arbeit besteht im sorgfältigen Abkleben der Deckenkante und der Rahmenleisten. Ist das erledigt, geht die Arbeit flink von der Hand. Die Grundierung aus rosa-bräunlicher Dispersionsfarbe habe ich über Nacht trocknen lassen. Für die Lasurschicht rührt man Dispersionsfarbe mit Lasurmedium an. An der Decke beginnend pinselt man dann einen meterbreiten waagerechten Streifen auf die Wand. Anschließend zieht man einen breiten Zugpinsel waagerecht durch die Lasur. Bei hohen Räumen muss man den oberen Wandbereich in Abschnitten bearbeiten und immer wieder die Leiter umstellen. Damit die Ansätze weniger auffallen, hebt man den Pinsel leicht an, sodass die Streifen fiedrig ineinander fließen. Das verlangt ein bisschen Übung. Wenn es einmal schief geht, streichen Sie die Lasur einfach mit dem Pinsel wieder glatt und beginnen von vorn.

Gemaserte Eichenwand

Dieser Eicheneffekt (siehe Seite 68) gehört zu meinen Lieblingstechniken, weil er so einfach ist und optisch dennoch viel her- macht. Er lässt sich gut auf großen Flächen anbringen und eignet sich deshalb auch für ganze Wände. Eichenpaneele findet man oft in Dielen, meist sind sie dunkel gebeizt. In diesem Raum sollten intensive Farben und Texturen dominieren, daher habe ich als Naturton unbehandelte Eiche gewählt.

Astiger Effekt

Wem das Maserieren einer ganzen Wand zu gewagt scheint, der kann sich an einem kleinen Paneel versuchen. Die Platte lässt sich leichter bearbeiten, weil sie flach auf den Tisch gelegt werden kann. Nach dem Trocknen hängt man sie wie ein Bild an die Wand. Ich habe hier eine stark „astige" Maserung gewählt (siehe Seite 69), aber auch andere Maserungstechniken sind geeignet.

Gestrichenes Sideboard

Dieses alte Möbelstück war mir ans Herz gewachsen, weil es so viel Stauraum bietet. Leider war die Melamin-Deckplatte im Lauf der Zeit unansehnlich geworden. Ich versuchte erst, die Schäden unter scheinbar geschickt platzierten Accessoires zu verstecken, aber das sah ziemlich merkwürdig aus.

Melamin ist ein schwieriges Material, auf dem die meisten Farben nicht haften. Dispersionsfarbe beispielsweise stößt sich schon nach kurzer Zeit ab. Es gibt aber spezielle Melaminfarben (siehe Seite 30) für diesen Zweck. Wer einen ausgefallenen Farbton wünscht, kann auch Melaminprimer verwenden und diesen mit Dispersionsfarbe überstreichen.

Auf die Deckplatte dieses Möbelstücks habe ich zwei Schichten Melaminprimer mit einer kurzflorigen Rolle aufgetragen und jede Schicht gut trocknen lassen. Dann mischte ich mir aus gleichen Teilen Metallic- und Dispersionsfarbe meinen Wunschfarbton und rollte ihn auf den Primer. Damit der Anstrich lange schön bleibt, habe ich ihn zum Schluss mit zwei Schichten mattem Acryllack versiegelt.

STILE:

Urbane Eleganz

Als ich mit der Planung dieses Raums begann, stand ich vor komplett weißen Wänden. Das kann schnell entmutigen, deshalb habe ich mir genügend Zeit genommen, das fertige Ergebnis in allen Einzelheiten vorzustellen. Der Raum hat einen interessanten Zuschnitt, der sich für ein modernes Esszimmer anbietet. Ich wollte ihn aber zugleich gediegen und elegant wirken lassen – die Farben mussten also klassisch und zeitlos sein, ohne altmodisch zu wirken. Deshalb habe ich eine Palette aus sanften Pastelltönen, Creme- und Erdfarben gewählt.

Die Töne für die Quadrate und Kreise wurden mit besonderer Sorgfalt zusammengestellt – nichts sollte sich beißen oder stören. Es ist schwierig, die Farben für so ein Ensemble auszuwählen. Ich habe mich schließlich für drei entschieden und daraus weitere Töne gemischt. So erhielt ich sechs Farben, die ausgezeichnet miteinander harmonieren.

Die strenge Geometrie der Quadrate wird aufgelockert durch Kreise in drei Größen, deren Umrisse mit Hilfe von Tellern gezeichnet wurden. Metallicfarben verleihen ihnen speziellen Glanz. Die klaren Linien der Möbel ergänzen die Wandgestaltung und wirken wie eine Verlängerung in den Raum hinein.

Tischläufer mit Mosaik

Hierfür habe ich einen 6 mm dicken Glasstreifen mit gebrochenen Kanten verwendet. Das Glas wird gut gereinigt und mit der Oberseite nach unten auf eine Decke gelegt. Das Muster habe ich mit einem Schwammstempel gedruckt (Seite 80), diesmal allerdings nicht mit Farbe, sondern mit Acryl-Anlegemilch. Dafür habe ich die Anlegemilch in einen Teller gegossen, den Schwamm leicht eingetaucht und überschüssige Flüssigkeit abgetupft. Ich habe den Stempel auf die Rückseite des Glases gedrückt, abgehoben und erneut gestempelt. Fehler sind leicht auszumerzen. Man wischt die Anlegemilch einfach mit einem feuchten Tuch ab, lässt das Glas trocknen und stempelt von neuem. Je dicker die Anlegemilch aufgetragen wird, desto mehr Goldflocken haften daran. Da ich einen zarten Effekt hervorrufen wollte, war ich mit dem Haftmittel sparsam.

Sobald die Anlegemilch klebrig wird, können wenige Flocken aus Goldimitat aufgestreut werden (Seite 47). Ich habe sie leicht angedrückt und nach dem Trocknen überschüssiges Material abgebürstet. Da das Mosaik an der Rückseite des Glases haftet, kann es durch heißes Geschirr keinen Schaden nehmen.

Geometrische Wand

Das Abkleben (siehe Seite 76) der zahlreichen Felder kostet Zeit und Geduld, doch das Ergebnis lohnt die Mühe. Um ein perfektes Resultat zu erzielen, muss man zuerst die Wandhöhe ausmessen und durch die Anzahl der gewünschten Felder teilen. Die Kanten der Felder werden knapp unterhalb der Decke und an der Fußleiste angezeichnet. Bedenken Sie, dass Sie in einem Arbeitsgang nur jedes zweite Feld bemalen können, da die Klebestreifen jeweils in dem angrenzenden Feld liegen. Wenn die Farbe trocken ist, werden die fehlenden Felder abgeklebt und gemalt. Auf einige Kreise habe ich noch einen kleineren Kreis in einer der Grundfarben gemalt, um den Effekt noch zu verstärken.

Wenn Ihnen diese Farben nicht gefallen, könnten Sie statt dessen Ultramarin- und Auberginetöne, Pink und feuriges Rot, oder aber Weiß- und Cremetöne verwenden.

Vergoldete Wand

Diese Wand habe ich mit Hilfe von geknülltem Papier (siehe Seite 70) tapeziert, das ich aber nicht mit Stofffarben, sondern mit Skribtol eingefärbt habe. Nach dem Aufkleben musste das Papier über Nacht trocknen. Für die Metallquadrate habe ich Blattmetall verwendet, das es in vielen Farbtönen gibt. Ich habe mich für warmes Gold und Kupfer entschieden und in Patchwork-Technik (siehe Seite 64, 65) gearbeitet. Zuerst habe ich zwei Schichten wasserlösliche Anlegemilch aufgetragen, dann die Metallblätter angerieben.

Vergitterte Wand

Ausgangsidee für diese Wanddekoration war das Bild eines Gerüstes. Das mag seltsam klingen, doch die Inspirationen können vielgestaltig sein. Ich wollte eine perspektivische Illusion erzeugen und habe deshalb den Aufbau des Gerüstes sorgfältig nachempfunden. Für die Grundierung habe ich ein sehr helles Grau verwendet und über Nacht trocknen lassen. Dann habe ich die Linien mit Malerkrepp in zwei unterschiedlichen Breiten abgeklebt (siehe Seite 76) und es fest angerieben, um zu verhindern, dass Farbe unter die Ränder fließt. Anschließend mischt man eine dunkelgraue Dispersionsfarbe mit Lasurmedium (siehe Seite 20) und rollt zwei Schichten auf, wobei die erste Schicht vor dem Auftrag der zweiten trocknen muss. Nach dem Trocknen der Farbe zieht man das Maskierband vorsichtig ab.

Eine andere Möglichkeit besteht darin, ein Rechteck auf der Wand abzukleben und in diesem ein Muster zu gestalten. Anschließend wird die Wand in einem dunkleren Ton überstrichen, nach dem Trocknen das Klebeband abgezogen. Das Ergebnis ist ein gerahmtes Kunstwerk zum Preis eines Farbrestes und einer Rolle Klebeband. Auf diese Weise lassen sich einzelne Wände, die einen neuen Anstrich gebrauchen können, effektvoll gestalten.

Linierte Wand

Ich liebe die Kombination von matten einfarbigen Deckfarben und Texturen. Durch waagerechte Pinselzuglinien wollte ich dem Raum eine sanfte Atmosphäre verleihen (siehe Seite 56). Ich verwendete für diese Wand eine quadratische Bürste mit weichen Gummiborsten. Die Bürste war zwar nicht dafür gedacht, sie durch nasse Farbe zu ziehen, doch sie hat für meine Zwecke wunderbar funktioniert.

Urbaner Wohnstil

Dieses kühle, frische Wohnzimmer habe ich als Ergänzung zum Essbereich (siehe Seite 100) entworfen. Der Raum sollte entspannt und zwanglos wirken, deshalb entschied ich mich für eine Farbpalette aus sanften Blau- und Rosétönen mit einem Hauch Grün.

Das Dekor auf den Wänden habe ich mit Hilfe der gleichen Technik gestaltet wie im Esszimmer. Statt jedoch die ganze Fläche in gleichmäßige Formen aufzuteilen, habe ich hier nur einzelne, locker verteilte Quadrate und Rechtecke maskiert. Das ist ein insgesamt einfacheres Verfahren. Da sich die Flächen nicht berühren, kann man das gesamte Dekor in einem Arbeitsgang aufbringen. Wo sich Flächen überlappen, habe ich zuerst die vordere Fläche abgeklebt und bemalt, nach dem Trocknen die hintere.

Für das Kreismuster verwendete ich eine Schablone aus Pappe. Nach dem Trocknen der Farbe habe ich durch die Schablone hindurch Anlegemilch getupft und, als sie angetrocknet war, Blattsilber (siehe Seite 64) aufgelegt.

Natürliches Flair

Dieser Raum basiert auf den Farben und Formen der Natur und vermittelt fast den Eindruck eines Wintergartens. Dies geschah einerseits durch die Wahl einer Palette aus sanften Blau- und Grüntönen und andererseits durch die aufgedruckten Blattmotive. Durch den thematischen Zusammenhang wirkt dieser Raum sehr ausgeglichen. Hier kommt man zur Ruhe – ein Platz zum Entspannen und Reflektieren.

Auf den ersten Blick wirken die Wände weiß, doch tatsächlich ist jede Wand in einem anderen Ton gestrichen, auch wenn die Unterschiede nur ganz zart sind.

Wie schon oft erwähnt, liebe ich die Kombination aus matten Farben und Texturen, ganz besonders wenn sie so gut harmonieren wie in diesem Raum. Nichts dominiert, nichts bildet Misstöne oder Kontraste. Stellen Sie sich vor, Sie könnten sich an einem heißen Tag in diesen Raum zurückzuziehen, um Gedanken nachzuhängen oder sich in ein Buch zu vertiefen. Dazu ein leichter, kühler Drink – herrlich!

Bemalte Vase

Die Auswahl an Spezialfarben (siehe Seite 30) wird immer größer und interessanter. Es gibt Produkte für die verschiedensten Oberflächen, darunter auch Keramik wie in diesem Beispiel. Da diese Vase nicht glasiert ist, habe ich die Details mit einem weichen, feinen Pinsel aufgemalt, wobei ich das Motiv mit Bleistift vorzeichnete. Wer sich nicht so sicher fühlt, kann es natürlich auch abpausen. Das Blattmotiv habe ich dann von oben nach unten aufgemalt, um die nasse Farbe nicht zu verwischen.

Tafelbild

Für das Paneel mit den vier Farnwedeln wurde jeweils das gleiche Motiv benutzt. Zuerst habe ich die Platte der Höhe nach in vier Rechtecke aufgeteilt. Das erste Bild (von oben nach unten) entstand mit Hilfe einer Lasertransferfolie (siehe Seite 73). Das zweite Blatt wurde auf die gleiche Weise gefertigt, allerdings mit Negativfarben. Für das dritte Motiv habe ich eine Schablone benützt, mit der ich auch die Gessoreliefs auf der Wand gestaltet habe. Man fixiert die Schablone am besten mit einigen zusammengerollten Stücken Malerkrepp auf dem Untergrund. Dann klebt man rings um den Farnwedel einen Bereich ab und bestreicht die ganze Schablone mit Gesso. Danach muss man die Schablone und die Blattform sofort abnehmen, um das Gesso trocknen zu lassen. Das letzte Motiv besteht aus einer Farbkopie, die ich mit verdünntem Weißleim aufgeklebt habe (siehe Seite 71).

Gessorelief-Blätter

Um die Schablone für diese Reliefs herzustellen, habe ich die Umrisse eines echten Farnwedels nachgezeichnet und mit einem Heißschneider eine Acetatschablone zugeschnitten (siehe Seite 45). Daraufhin habe ich das Gesso erwärmt, bis es eine pastöse Konsistenz hatte und die Schablone mit Malerkrepp auf die Wand geklebt. Anschließend habe ich die Form mit Gesso ausgespachtelt, die Schablone sofort abgenommen, gereinigt und neu ausgerichtet. Diesen Vorgang wiederholte ich, bis die ganze Wand mit locker verteilten Farnwedeln verziert war.

Gemaserter Tisch und Hocker

Ob Sie es glauben oder nicht: Das Gestalten dieser Astholzstruktur wirkt ansteckend. Als wir die Fotos für dieses Buch aufgenommen haben, wollte die Technik jeder im Team ausprobieren (siehe Seite 68). Bei diesem Objekt wollte ich einmal gegen den Strom schwimmen und wählte deshalb eine zarte Farbe für die Maserung, die sehr gut in dieses Ambiente passt. Ich entschloss mich für eine weiße Grundierung und eine dezente salbeigrüne Lasur.

Gedruckte Blätter

Ich finde diese Technik deshalb so befriedigend, weil man mit sehr wenig Farbe sehr viel erreicht (siehe Seite 48). Ähnliche Effekte wie hier lassen sich auch mit Farnwedeln oder Federn zaubern. Ich habe die Blätter gelegentlich umgedreht, sodass die Spitzen nicht immer in die gleiche Richtung zeigen. Das sieht natürlicher aus. Gedruckt wurde mit Dispersionsfarbe.

Gekämmte Wand

Diese Wand habe ich zunächst mit hellgrauer Dispersionsfarbe grundiert und trocknen lassen. Nachdem ich Lasurmedium mit Acrylfarbe creme-bräunlich abgetönt habe (siehe Seite 20), trug ich die Lasur in meterbreiten Streifen auf und kämmte sie mit einem Stück Wellpappe (siehe Seite 53). Dabei wird die Pappe in einem Zug von oben nach unten durch die feuchte Farbe gezogen. Das gelingt nicht immer auf Anhieb, aber da die Lasur langsam trocknet, ist das meist kein Problem. Streichen Sie sie einfach mit dem Pinsel wieder glatt und probieren Sie es noch einmal. Ich habe hier weitere Akzente gesetzt, indem ich zusätzlich einen Kamm für Eichenmaserung (siehe Seite 50) benützt habe. Wer diesen Effekt kopieren möchte, sollte den Kamm am oberen Ende der Wand ansetzen und parallel zu den Pappe-Streifen arbeiten.

Gerasterter Fußboden

Hierfür ließ ich mir 3 mm dicke MDF-Platten maßgenau zuschneiden und auf den Boden nageln. Nachdem alle Fugen gespachtelt waren, grundierte ich die Platten mit zwei Schichten grau-grüner Dispersionsfarbe. Rings um den Rand der Platten habe ich dann einen Streifen abgeklebt (siehe Seite 76), auf den ich mit einer kurzflorigen Rolle dunkelgrüne Metallicfarbe auftrug. Um den Streifen eine Textur zu verleihen, habe ich die Silberfarbe aufgestupft (siehe Seite 75). Mehrere Schichten Klarlack versiegelten das Dekor.

Heizkörper mit Federn

Lasertransfer ist für mich eine aufregende, neue Technik (siehe Seite 73), mit der man Motive auf die verschiedensten Oberflächen übertragen kann. Hierfür habe ich den Stoff straff in den Rahmen einer hölzernen Heizkörperverkleidung gespannt und ihn dann mit Acrylprimer vorgestrichen. Nach dem Trocknen habe ich auf den Bereichen, die verziert werden sollten, zwei Schichten verdünnten Weißleim aufgetragen und anschließend die Motive übertragen.

Eine witzige Idee wäre es auch, die Rückenlehnen der gepolsterten Esszimmerstühle mit Porträts der Familienmitglieder zu verzieren. Lassen Sie Ihrer Fantasie freien Lauf.

STILE: Botanisches Ambiente

Die Geschichte des Designs ist angefüllt mit Blumenmustern. Über Jahrhunderte haben wir unsere Wohnungen und Häuser mit reizvollen Blüten- und Blumenornamenten in immer neuen Varianten dekoriert. Wohl deshalb wirken sie heute oft altmodisch und langweilig. Sie sind alte Bekannte, die manchmal allzu vertraut wirken. Doch wie kann man etwas neu erfinden, was es schon seit Jahrhunderten gibt? Ganz einfach, indem man Farben und Proportionen verändert.

Als Grundfarbe für die Wände habe ich ein frühlingshaftes Grün gewählt und durch übergroße Blumenmuster für Extravaganz gesorgt. Die Kontraste zwischen den sanften Farben des Betts und den kräftigen Farben der Bettwäsche sind der Natur entnommen.

Der Raum sollte frisch und entspannend zugleich wirken, zum Verweilen einladen. Ich habe das Blütenmotiv mit vielen anderen Techniken kombiniert, um ein wahrhaft behagliches Refugium zu gestalten.

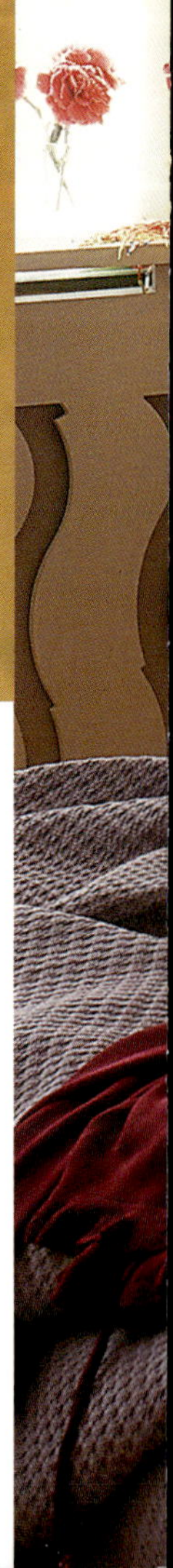

Nachttisch mit Craquelé

Die Deckfarbe besteht aus einem frischen Zitronengelb, darunter kommt ein kräftiges Blattgrün zum Vorschein – so erweckt man ein alte Technik zum Leben (siehe Seite 82). Zuerst habe ich den ganzen Kasten grundiert, dann die Seiten einzeln nacheinander mit Craquelé-Farbe gestrichen. Jede Seite konnte in Ruhe trocknen. Zum Schluss kam die Oberseite an die Reihe.

Bett mit Frottage

Zunächst habe Ich das Kopfteil in 18 Abschnitte geteilt und Papierstücke in entsprechender Größe zugeschnitten. Die gesamte Fläche wurde mit grauer Dispersionsfarbe grundiert. Nach dem Trocknen habe ich violette Perlglanzfarbe aufgetragen und mich dann, in der oberen linken Ecke beginnend, mit Hilfe der Frottage-Technik über die ganze Breite bis zur unteren rechten Ecke vorgearbeitet (siehe Seite 55).

[redacted]

Projizierter Eukalyptus

Hier ging es mir insbesondere um die dreidimensionale Wirkung: Einzelne Blätter des Eukalyptus sollten sich bis zum Bett erstrecken. Um dies zu bewerkstelligen, habe ich einige Zweige direkt auf den Projektor gelegt und das Gerät dann entsprechend verschoben, bis mir die Position gefiel (siehe Seite 72). Danach habe ich die Blätter mit dunkelvioletter Perlglanzfarbe nachgepinselt, und zwar in Abschnitten, die ich schließlich mit Papier frottierte (siehe Seite 54).

Projizierte Mimose

Für dieses Motiv habe ich ein paar Mimosenzweige arrangiert und fotografiert. Das Foto habe ich in einem Copyshop auf Overheadfolie kopiert, die ich dann auf den Projektor gelegt habe. Nachdem ich mit der Ausrichtung zufrieden war, habe ich das Motiv mit austernfarbener Perlglanzfarbe nachgemalt.

Gestupfte Bordüre

Zunächst habe ich die Wände mit blasser braun-grüner Dispersionsfarbe grundiert, danach eine Bordüre abgeklebt (siehe Seite 76) und den Farbverlauf mit apricotfarbener Dispersion gestupft (siehe Seite 75). Diese klaren Linien geben einen ausdrucksstarken Hintergrund für die projizierten Bilder ab.

Das Bett

Da das Bett einen großen Bereich im Schlafzimmer einnimmt, sollte es sorgfältig in das gesamte Gestaltungskonzept eingebunden werden. Ich kam zu dem Schluss, dass es persönlicher und preiswerter ist, die vorhandene Bettwäsche selbst zu bemalen anstatt eine neue zu kaufen. Man erhält zudem ein exakt zur Raumgestaltung passendes Dekor und muss keine faulen Kompromisse eingehen. Ich wollte hier ein abwechslungsreiches Muster gestalten und habe daher eine Ecke des Bezuges mit besonders vielen Blüten angefüllt. Die Kissen sind jeweils mit ein oder zwei Blüten geschmückt.

Bemalte Bettwäsche

Durch die Kombination von akkuraten Konturen (durch die Wachslinien) und weichen Farbverläufen ermöglicht die Stoffmalerei äußerst interessante Effekte. Die Form der Blüten habe ich mit heißem Wachs aufgezeichnet (siehe Seite 79 und 124), die Konturen anschließend mit leuchtenden Stofffarben ausgemalt.

Bedruckte Vorhänge

Hier habe ich fertige Vorhänge aus Baumwollsamt verziert. Dieser Stoff hat einen kurzen Flor, der sich gut bedrucken lässt, ohne dabei seine Textur zu verlieren. Ich habe den leuchtend gelben Stoff flach auf eine Arbeitsplatte gelegt und die Motive mit grünlich-brauner Stofffarbe aufgedruckt (siehe Seite 26 und 86).

STILE:

Spritziges Design

Ich habe hier ein sehr lebhaftes, visuell anregendes Arbeitszimmer gestaltet. Wie alle anderen Beispiele auch lässt sich die Gestaltung problemlos abwandeln und auf die persönlichen Vorlieben abstimmen. Für die unterschiedlich breiten, abgeklebten Streifen habe ich Dispersions- und Glitzerfarbe verwendet. Ausgesprochen maskulin würde das Farbschema wirken, wenn man sich auf verschiedene Blautöne beschränkt.

Die gestreiften Wände dominieren den Raum, und das war auch beabsichtigt. Der Raum sollte eine eigene Identität besitzen und sich von den anderen Zimmern deutlich unterscheiden. Da ich viel zu Hause arbeite, war mir eine klare Abgrenzung zwischen Wohn- und Arbeitsbereich besonders wichtig. Und wenn ich diesen Raum betrete, weiß ich sofort: „Jetzt wird gearbeitet."

Mein Entwurf musste Stauraum und reichlich Ablageflächen berücksichtigen, außerdem brauchte ich genügend Platz für anregende Dinge, aus denen ich stets neue Ideen entwickle.

Mir gefällt der Kontrast der senkrechten Streifen auf der Wand mit den waagerechten Linien des Rollcontainers. Ohne solche Ordnungshelfer wäre ich verloren. Sie helfen mir, all meine Materialien übersichtlich zu verwahren, die sonst überall herumliegen und Chaos produzieren würden. Dieser Raum strahlt genau die Energie aus, die ich brauche, um mich konzentriert in meine Arbeit zu versenken.

Besprühtes Rollo

Graffiti-Künstler werden sich mit Grausen abwenden. Ich habe den Fußboden zunächst mit einem alten Laken abgedeckt, ein fertiges Rollo darauf ausgebreitet und mit pinkfarbenem Sprühlack (siehe Seite 18) in gleichmäßigem Strahl Streifen aufgespritzt. Nach dem Trocknen habe ich an die untere Holzleiste noch eine Federborte getackert. Die Arbeit dauerte insgesamt etwa 10 Minuten. Ich liebe solche schnellen Effekte.

iBook

Zu Hause arbeiten

Als Kontrast zur reflektierenden Wand wurden die übrigen Wände in breiteren Streifen gestrichen, die jeweils von schmalen, auberginefarbenen Streifen unterbrochen werden. Ich habe die Streifenbreite genau berechnet, damit sie exakt mit den frei tragenden Regalen abschließen. Gerade beim Gestalten eines Streifenmusters ist es wichtig, die übrigen Elemente des Raums einzubeziehen. Verlaufen die Streifen beispielsweise ungeschickt um einen Kaminvorsprung oder einen Schrank, wirken die markanten senkrechten Linien sofort unruhig und der ganze Effekt kann verloren gehen. Am besten stimmt man die Streifen auf die festen Einrichtungsgegenstände des Raums ab, indem man sie ausmisst und mit Bleistift anzeichnet. Dann kann man die Maße so lange verändern, bis die Optik stimmt.

Gesprenkelte Glasplatte

Diese Technik eignet sich gleichermaßen für Glas und Wände (siehe Seite 43). Ich habe beides ausprobiert und der Effekt ist bei Kunstlicht ebenso fantastisch wie bei Tageslicht – er erinnert mich an ein Feuerwerk, das am Nachthimmel explodiert. Zunächst habe ich den Beistelltisch mit Seidenglanzlack gestrichen und die Rückseite der Glasplatte mit Hilfe der Sprenkeltechnik vergoldet, sodass das Glas das feine Blattmetall schützt.

Gestreifte Wand

Diese akkuraten Streifen, die wie ein kunterbunter Barcode wirken, habe ich mit Hilfe der Maskiertechnik gestaltet (siehe Seite 76). Damit das Gesamtbild nicht zu verwirrend wirkt, habe ich nur eine Wand mit unregelmäßigen Streifen aus verschiedenen matten und glitzernden Farben bemalt. Zum Abkleben habe ich normales Malerkrepp verwendet, das sich problemlos wieder abziehen lässt, ohne den fertigen Anstrich zu beschädigen.

Für diese Technik muss man lediglich gerade Linien ziehen können. Ich tue mich damit etwas schwer, deshalb trete ich regelmäßig ein Stück von der Wand zurück, um zu prüfen, ob die Linien wirklich gerade sind.

Rollcontainer

Dieser Container hat Schubladen aus Holz, die ich mit den gleichen Dispersionsfarben gestrichen habe wie die Wände (siehe Seite 10). Dadurch fügt sich der Container ganz natürlich in die Gesamtgestaltung des Raums ein. Damit der Anstrich lange schön bleibt, habe ich ihn mit einer Schicht Klarlack auf Wasserbasis überzogen.

Mustersammlungen

So eine „Wäscheleine" aus einem Spanndraht mit Ringklammern ist ideal zum Aufhängen von Mustern, Farbproben, Anregungen und wichtigen Dokumenten, die man nicht verlieren darf. Auch Dekostücke wie der Farnwedel-Druck (siehe Seite 48) oder das Efeublatt (siehe Seite 71) finden hier ihren Platz.

Pinnwand

Diese einfachen Pinbords aus Kork sind von unschätzbarem Wert. Ich besitze eine Menge davon und befestige daran Stoffproben, Notizzettel, Borten und Litzen. Ich habe dafür Korkfliesen auf eine Schneidematte gelegt, einen flachen ovalen Teller darauf platziert und die Kontur mit dem Cutter nachgeschnitten. Dann habe ich den Kork mit einer Spezialfarbe gestrichen (siehe Seite 30) und trocknen lassen. Die Korkplatten sind mit kräftigen, doppelseitigen Klebepads an der Wand befestigt. Einfacher geht es nicht.

Motivvorlagen

Schablone für Tischwäsche
Seite 46

Schablone für Bettwäsche
Seite 117

Kartoffeldruck
Seite 48

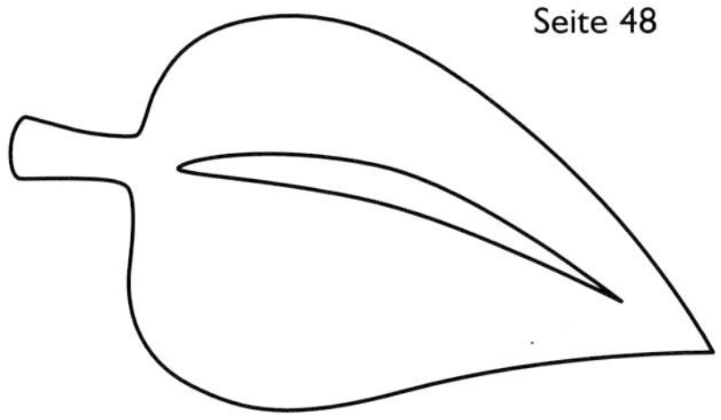

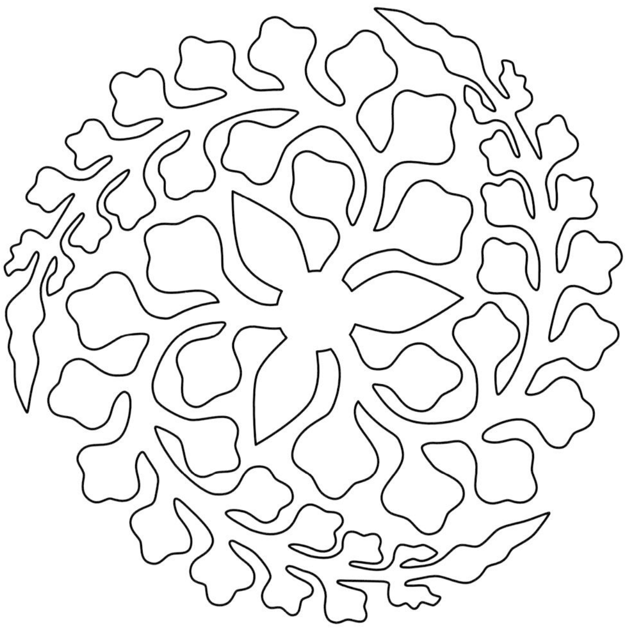

Pappschablone für Metallflocken
Seite 46

Acetatschablone für Wandmotiv
Seite 45

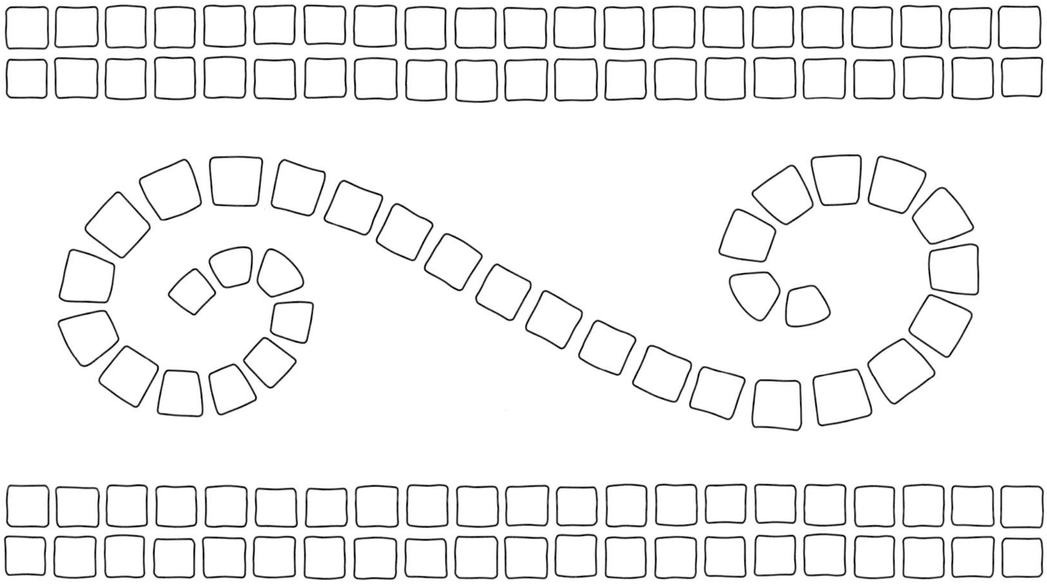

Acetatschablone für Wandmosaik
Seite 80

Pappschablone für Wandgestaltung
Seite 44

Bezugsquellen

Hobbyfarben, Stofffarben, Batikwachs, Schablonen, Acetatplatten, Schablonenpappe, Materialien zum Vergolden:
Hobbyfachhandel
Versandhandel z.B.
VBS Bastel-Service
Große Straße 130
27283 Verden
Tel.: 0180 5668111
Fax: 04231 668 22

Künstlerfarben, spezielle Pinsel, Trocknungsverzögerer, Gesso, Materialien zum Vergolden, Layoutpapier:
Fachhandel für Künstlerbedarf
Versandhandel z.B.
Johannes Gerstäcker Verlag GmbH
Wecostraße 4
53783 Eitorf
Tel.: 02243 88 992
Fax: 02243 88 945
(Katalog gegen Schutzgebühr)

Lasertransferfolien, Layoutpapier:
Gut sortierter Fachhandel für Bürobedarf
Übertragung auf Folie in einigen Copyshops möglich

Schablonen:
www.Schablonen-Shop.de
Online-Shop mit großer Auswahl fertiger Schablonen

Stempelmaterialien:
Hobbyfachhandel

The English Stamp Company
Worth Matravers
GB-Dorset BH19 3JP
Tel.: 0044 1929 439 117
Fax: 0044 1929 439 150
www.englishstamp.com

Weitere Anbieter:

Annie Sloan Practical Style
117 London Road
GB-Oxford OX3 9HZ
www.anniesloan-com
paint@anniesloan.com
u.a. *Perlglanzfarben, Lasurmedien, Glitzerfarben, Materialien zum Vergolden*

Boesner
Großhandel für Künstlerbedarf
Nunsdorfer Ring 2–10
12277 Berlin-Marienfelde
Tel.: 030 72 00 83-3
Fax: 030 72 00 83-55

Craig & Rose
Unit 8 Halbeath Industrial Estate
Crossgates Road
Halbeath
Dunfermline
GB-Fife KY11 7EG
Tel.: 0044 1383 740 000
Fax: 0044 1383 740 010
u.a. Lasurmedien, Glitzer- und Perlglanzfarben

E Ploton (Sundries) Ltd
273 Archway Road
GB-London N6 5M
Tel.: 0044 20 8348 0314
Fax: 0044 20 8348 3414
www.ploton.co.uk
ploton@ploton.co.uk
u.a. *Lasurmedien, Maserierwerkzeuge*

H2KFX
Unit 3 Admiral Park Estate
Airport Service Road Hilsea
GB-Portsmouth PO3 5RQ
Tel.: 0044 23 9267 3535
Fax: 0044 23 9269 5543
www.h2kfx.co.uk
u.a. *Metallicfarben, Metallfolien, Anlegemilch, Lasurmedien*

Dr. Georg Kremer
Dipl.-Chemiker Farbmühle
88317 Aichstetten/Allgäu
Tel.: 07565 1011
Fax. 07565 1606
kremer-pigmente@t-online.de
Metallpigmente (zum Einrühren in Farben, um reaktionsfähige bzw. patinierbare Farben zu erhalten)

Le Mani
Rossella Zeiss
Grolmanstraße 20
10623 Berlin
Tel.: 030 315 07 682
Fax: 030 312 07 763

Modern Masters
7340 Greenbush Ave.
North Hollywood
USA-California 91605
Tel.: 001 818 765 2915
oder 001 800 942 3144
u.a. Reaktionsfähige Metallfarben, Patiniermittel
The Paint Library
5 Elystan Street
GB-London SW3 3NT
Tel.: 0044 20 78237755
Fax: 0044 20 78237766
www.paintlibrary.co.uk
u.a. *Metallicfarben und Perlglanzlasuren*

Sonstiges:

www.artsuppliesonline.com
www.paintdealer.com
u.a. *Reaktionsfähige Metallfarben*

www.bauchemie-info.de
mit umfassender Liste von Farbherstellern und direkten Links

www.farben.com
Ausführliche Informationen zu den verschiedensten Farben und ihrer Verwendung

Danksagung

Ich möchte mich zunächst bei dem großartigen Team bedanken, das dieses Buch erst möglich gemacht hat. Die Zusammenarbeit mit jedem einzelnen von ihnen war ein Vergnügen. Ihr wart nicht nur unglaubliche Profis, sondern auch wirkliche Freunde! Mein Dank geht an:

Kate Haxell für ihre unerschütterliche Geduld beim Redigieren meines englischen Textes. Du warst das Rückgrat und hast uns alle auf Spur gehalten!

Cindy Richards und Mark Collins für die Idee und den Glauben, dass unsere Vision Wirklichkeit werden könnte. Robin Gurdon, weil er ein Gentleman im wahrsten Sinn des Wortes ist. Lucinda Symons für ihre Hingabe und ihr Vorstellungsvermögen. Holly und Emma für ihre unermüdliche Arbeit, auch wenn manchmal Chaos drohte.

Lucynia Moodie für ihre Begeisterungsfähigkeit und ihren Einfallsreichtum. Robert Atherton für seine Unterstützung während meiner ungestümen Malanfälle. Janet James für ihre enorme Geduld und Hingabe bei der Entstehung dieses Buches, auf das ich unglaublich stolz bin.

Tief verbunden bin ich auch den ganz besonderen Menschen in meinem Leben, die mir so viel bedeuten:

Mum, die von Zeit zu Zeit auf einer Leiter anzutreffen war. Meine Schwester Juliet. Tim Killingbeck für seine Freundschaft. Doo Gurney für seine unerschütterliche Entschlossenheit. Daniel Sims. Meine Tante Rene. Astra und Alan Minchin. Karen, Paul und Jessica Wheeler. Vicky und Peter Farren. Peter Mooney. Debbie Pound. Joanne Barnet und Andrew Kalinowski. Anthony, Sarah Alfred, Missy und mein Patenkind Leonardo De Signey. Simon Laity. Sam Henwood. Sarah, Peter, Katie und Jemma Robbins. Avril Graff. Julian lonergan. Paula Mattin. Sally und Phil Wren. Jim Alabaster und mein Business-Guru Paul O'Byrne.

Den folgenden Personen und Institutionen bedanke ich mich für die großzügige Versorgung mit Materialien für dieses Buch:

Arno und Jane Vich von E. Ploton für ihre zuverlässige Unterstützung. Emily Sears von Cuprinol für Garten- und Wandfarben. Juliet Strachan von Mode Information Ltd. Mala Sarwal von Artex-Blue Hawk Ltd. Mark Gower von Gordon Audio Visual. Mick Hawkey von H2KFX. Plasti-Kote für Craquelé-Grund- und Deckfarben. Polyvine für Farbkonzentrate und Lasurmedien. Richard Burbridge für Fußleisten. Shelton Kartun von Oakthrift Plc. für Pinsel. Steve McGilveray von Craig & Rose. The English Stamp Company für Stempel und Farben. Veronica Johanffon von Home Key. Don Lockwood von International Colour Authority. Barbara Jones von The Mix. Sarah Harrison zusammen mit International Ltd.

Der Verlag dankt den folgenden Firmen für die Bereitstellung von Materialien für die Fotografien (jeweils Vorwahl 0044):

Kersaint Cobb, Tel. 01675 430430, Naturfußböden. Keramica, Tel. 01782 207206, Keramik.

Amtico, Tel. 0800 667766, Bodenbeläge. Bill Amberg, Tel. 020 7727 35600, Lederwaren.

Goldfinger, Tel. 020 8694 2603, Möbel. Brintons, Tel. 01562 820 000, Teppiche.

Register

A

Abtönkonzentrate 20–21
Ahornmaserung 68
Airbrush 84–85
Alterungstechnik 34
Artex 23
Astholzmaserung 69
Außenfarben 28–29

B

Betonfarbe 29
Bilder
  Freihandzeichnen 90
  Frottage 54, 112
  Projizieren 72, 115
Blätter
  Gedruckte Blätter 49, 109
  Gesso und Schablone 108
Bleiche, Sprenkel 42–43
Bordüre, gestupfte 115

C

Cordfarbe 30
Craquelé 18, 82–83, 112

D

Dekorpaneele 108
Denimfarbe 22
Dispersionsfarbe 10–11
Drucken 86–89
  Freihandmotive 91
  Kammzug 52
  Kartoffeldruck 48

E

Eichenmaserung 68
Eisenfarbe, reaktionsfähige 16

F

Farbverlauf, Airbrush 85
Fassadenfarbe 29
Filzstifte, Marker 26
Fliesenfarben 31
Fototechniken 72–73
Freihandzeichnen 90–91
Frottage 54–55, 112, 115
Fußbodenfarbe 30

G

Gelfarbe 23
Gessoblätter, Schablone 108
Glänzende Farben 12–13
Glas
  Drucken 89
  Effektfarbe 18
  Découpage 71
  Vergolden 64, 121
Glasfarbe 30
Glitter 24
Goldfarbe 16
Graniteffekt 18
Granitfarbe 23
Gummiarabikum,
  Craquelé 82
Gummistempel 48

H

Heizkörperfarbe 30
Hobbyfarben 26
Hochglanzfarben 12
Holz
  Alterungstechnik 34
  Lasieren 59–61
Holzfarben 29

K

Kalklasur 60–61
Kammzugtechnik 50–53,
  110
Karomuster 62–63, 111
Keramik
  Airbrush 84
  Drucken 87
Korkfarbe 22
Kunststofffarbe 30
Kupferfarbe, grüne 16

L

Lasertransfer 73, 108, 111
Lasuren 20–21

M

Maserieren 68–69, 99, 109
Maskieren 76–79, 102–103,
  122
Matte Farben 10–11
Melaminfarben 30, 99
Metallfarben, reaktions-
  fähige 16
Metallflocken,
Schablonenmotiv 46–47
Metallicfarben 16–17, 24
Mosaikeffekt 80–81, 101
Motivvorlagen 124–125
Mustersammlungen 12

P

Paneele
  Dekorpaneele 108
  Maserieren 99
  Patinieren 96
  Polierter Verputz 97
Papier
  Geknülltes Papier 70
  Découpage 71
  Salztechnik 70
Patinieren 34–35, 96
Perlglanzfarben 14–15
Perlglanzverputz 39
Pigmentfarben 26
Pinselzugtechnik 56–57, 98
Plusterfarben 27

R

Reflektierende Farben 24–25
Reißlack 18, 82–83
Rollen 40–41, 62
Rosteffektfarbe 16, 96
Rundungen
  Maskieren 77
  Schablonieren 47

S

Sandpatina 35
Schablonen 44–45
Schablonieren 44–47
  Gessorelief, Blätter 108
  Mosaik 80–81
  Gesso 38
Schillerfolie 24
Schwammtupftechnik 74
Seidenglanzfarben 13
Sgraffito 91
Silberfarbe 16
Spezialfarben 30
Sprenkel 42–43
Spritzpistole 84–85
Sprühfarben 18–19, 83, 118
Stempeln 48–49, 109
  Kartoffeldruck 48
  Mosaik 80, 101
  Schwammstempel 49
  Vergoldete Motive 66–67
Stoffe
  Bedrucken 86–87, 117
  Bemalen 117
  Schablonieren 46
Stofffarben 26–27
Streifen
  Maskieren 76
  Freihandmotive 90
  Lasieren 59
  Rollen 40, 41
  Stupfen, Bürste 57

T

Tafelfarbe 10
Texturfarben 22–23
Tupfen, Schwamm 74

V

Verdigris-Patina 35
Vergolden 43, 64–67, 102,
  105, 121
Verputzen 36–39, 97

W

Wachs
  Kalklasur 61
  Maskieren (Batik) 79
Wandtafelfarbe 10
Wischlasur 58–59